実践テクを極める！
ボルダリング
レベルアップのコツ

新装改訂版

監修
渡邉数馬

メイツ出版

From Supervisions
はじめに

自分の弱点を知り、つねに考えながら登ることで今よりも1ランク上のグレードを完登することができる！

自己分析をしている人は上手くなる

　「今よりグレードを1つ上にあげたいのに、どうしても行き詰まりを感じている」「今までは順調にレベルアップしていたのに、同じトレーニングをしても伸び悩んでいる」。こういった悩みを持つボルダーは非常に多いです。
　限界が見えてきたときは、トレーニング内容が合っていない、また何かしら弱点があるということ。自分に足りない部分は何か、苦手な部分は何かを考えるようにしましょう。そして、克服するためには、どんなトレーニングが必要か考えましょう。今まで私はワールドカップをはじめとした様々な大会に出場したり、クライミングジムでインストラクターをする中で多くの人を見てきましたが、ボルダリングが上手くなる人に共通する特徴は、他の人のクライミングをよく見ているという点です。またつねに自己分析をして、考える癖を付けている人は上達しています。
　私にも、何をやってもダメな時期がありました。大会に出ても、決勝に進む8人に入れ

ず、いつも9位という日々。そのときに、これには何か特定の問題があるのではないかと気づき、自分の弱点は何かと考えるようになったのです。

　色々なトレーニングを試しましたが、本書でもトレーニング法を紹介しているキャンパシングボードをはじめて使ったとき、指に問題があると気付きました。ピンチやスローパーなど大きいホールドは得意でしたが、実はカチなど小さいものが苦手だったのです。その弱点に気付き、集中的にトレーニングをして克服しました。しかし、まだまだ自分で気付いていない弱点はあると思います。最近では小指が入らないホールドが苦手だということもわかりました。弱点というのは、数ヶ月考えても答えが出ないことがあるので、つねに考えながら、根気よく探りましょう。初級者でも中級者でも、何も考えずに登っている人はとても多いです。ある程度のレベルまでは行けても、より上を目指すなら、つねに考える癖を付けましょう。詳しいトレーニング法やムーブなどは、本書の中で紹介していきますが、ここでは次に挙げる3つのポイントを押さえて、日々のトレーニングに生かしてください。

渡邉流！　ボルダリング上達の三カ条

　まず1つめは、バランスのよいトレーニングを計画的に行うことです。仲間と一緒に遊びの延長でトレーニングをしている人や、反対に1人でジムに来て黙々と登っている人など、人によってトレーニングするときの環境は違います。しかし、1人だとマイペースで登れて集中できますが、どこが間違っているか、どうすればよくなるか気付きにくいものです。反対に、いつも仲間と登っている人は意見交換ができて、ジムへ来るモチベーションも上がりますが、人次第でテンションが変わったり、自分で考える癖が身に付かなくなります。

　バランスのよいトレーニングをするには、「仲間と登る」「コンペ・大会に参加する」

※本書は2013年発行の『実践テクを極める！ボルダリングレベルアップのコツ』を元に加筆・修正を行っています。

「1人で登る」、この3つを1つのサイクルとして行うことが大切です。まず仲間と一緒に登ったりジムのイベントに参加することで、人の登りを分析したり、人からアドバイスをもらう機会を作りましょう。また大会・コンペに出ることで、たとえ悪い成績でも、何かしらの反省点が出てきます。ビリでも優勝でも、上手い人ほど、反省点を次のトレーニングに生かしています。そして1人で登るときに、客観的に自分の登りを分析したり、大会での反省点を振り返ります。1人でトレーニングするときに色々な意見やアイデアを試して、自分のクライミングに取り入れてみてください。

　私も、これまでのクライミング人生において、一緒にボルダリングをする仲間、目標とする人がいたことが大きいです。私は中学1年生からジムに通いはじめたのですが、そのときにいたお客さんの中にユースチャンピオンなど、つねに一歩上の存在がいました。その人達と比べると自分は完璧ではない。もっと頑張らなければいけないと思っていました。最初のうちは上手い人の真似をして、それだけでも上達しました。人のクライミングを観察する癖を付けたことで、自分のことも客観的に分析できるようになったと思います。

　ですので、引っ込み思案の人でも、できるだけ自分より上手い人と登ってみるといいでしょう。幸いなことに、ボルダリングは他のスポーツと違い、地方のジムであってもトップクライマーの人が一緒に登っていることがあります。これは野球で例えればイチロー選手が街のバッティングセンターにいるようなもの。そのチャンスを逃さないように、上手い人の登りを見て盗んだり、失礼にならない程度に、一緒に登ってみましょう。

　2つめは目標課題や大会など1つの目標に向かって、体調を調整していくピーキングと呼ばれる技術を身に付けることです。これは大会だけでなく、目標としているジムや外岩の課題に挑戦するときも同じです。ピーキングが上手な人ほど、大会の成績もいいです。また筋力を維持しつつカラダが軽いと感じる、自分のベスト体重を知っておくことも大事

です。カレンダーに丸を付けて、「後何日で大会だ」と意識するだけでも自然とメンタルや日々のトレーニングが変わってきます。

辛いトレーニングは決して無駄にならない

　3つめは、辛いトレーニングも楽しむストイックさを持つこと。クライミングをはじめたばかりは単純に楽しく、カラダが変化していくのを感じますが、だんだんと頭打ちになり、トレーニングをしていても辛いと感じることが増えてきます。

　しかし、辛いこともボルダリングの楽しみのうちだと考え、目標を達成するために計画的にトレーニングすることが大事です。その日はジムへ何をしにきているのかをしっかり考え、「クライミングの日」と、「トレーニングの日」を分けてもいいでしょう。クライミングの日は仲間と作った課題に取り組み、トレーニングの日は、キャンパシングボードを使ったトレーニングや自重トレーニングなどを行います。今日やると決めたことは曲げずにやり、まわりに流されずに、計画通りにトレーニングすることが大事です。クライミング以外の筋力トレーニングは辛くて楽しくないときもありますが、大会の結果につながってくると思えば、辛さも喜びになります。辛いことも後々無駄にはならず、振り返ってみると勉強になるもの。自分を信じて日々トレーニングしていきましょう。

ジップロッククライミングジム　オーナー
渡邉数馬

CONTENTS
実践テクを極める！ボルダリング レベルアップのコツ 新装改訂版

はじめに		2
本書の特徴・使い方		10
コラム	ボルダリングの技術が伸びる人、伸びない人の特徴	12

PART 1　初級〜中級者のための実践テクニック　13

コツ01	苦手な部分・弱点を知ろう	1ランク上を目指すには今までの登りを自己分析しよう	14
コツ02	デッドポイント	無重力になる瞬間を作りホールドをキャッチする	16
コツ03	ランジ&ダブルダイノ	次のホールドが遠いときに一気に移動できるムーブ	18
コツ04	ルーフクライミング	強傾斜で行う中級者以上のクライマーには必須のスキル	20
コツ05	反転ムーブ	上下反転した状態で行うルーフ特有のムーブ	22
コツ06	ハリボテの攻略法	大会でのハリボテ課題だけでなく外岩でも有効なテクニック	24
コツ07	ランニングジャンプ	コンベ上位を目指すなら必須の大会専用の特殊なムーブ	26

コツ08	レスティングのコツ	手をシェイクさせて血流を戻して次のムーブを楽にするテクニック	28
コツ09	ジム・大会でのオブザベーションのコツ	コンペ・大会を有利にするオブザベーションの練習法	30
コツ10	基本フォームのおさらい	カラダが正対して三点支持が基本。進行方向への重心移動を意識	32
コツ11	ねじり（振り）	次のホールドへの距離を飛躍的に伸ばせるムーブ	34
コツ12	キョン	両足で下半身を安定させ次のホールドを楽にする	36
コツ13	バックステップ	キョンより安定性が低いが次のムーブへ移行しやすい	38
コツ14	フラッギング	ねじりができない場面やフットホールドが少ないときに重宝するムーブ	40
コツ15	ハイステップ	カラダを上げるタイミングと下半身の柔軟性がポイント	42
コツ16	クロスムーブ	ホールドの持ち替えができないときに選択するムーブ	44
コツ17	手に足	フットホールドのない場面で使用するハイステップムーブの応用	46
コツ18	ステミング	壁に挟まれたときに使える両足を突っ張らせるムーブ	48
コツ19	マッチ	遠い位置にあるホールドを取るため手を持ち替えるムーブ	50
コツ20	レイバック	外岩のクラック（割れ目）課題で必須になるテクニック	52
コツ21	抱え込み	指先で保持できない場所も登ることができるムーブ	54
コツ22	ニーバー	強傾斜でも手を離せるほどの強い保持力を持つ	56
コツ23	マントリング	全身の筋力を使いホールドを這い上がって登るムーブ	58
コツ24	サイファー	大きく足を振って遠いホールドを取りに行くパワームーブ	60
コツ25	コーディネーション	2つのムーブを一度に行うことで成立するムーブ	62
コラム	トレーニング前後、トレーニング中の食事		64

PART 2　弱い部分を克服するトレーニング法　65

コツ26	中級者向けのトレーニングとは？	苦手なムーブ、足りない筋力を適切なトレーニングで克服する	66
コツ27	キャンパシングボードを使ったトレーニング1	カラダを引き上げる力と瞬発力を鍛える	68
コツ28	キャンパシングボードを使ったトレーニング2	デッドポイントの正確性とホールディングの持久力を鍛える	70
コツ29	ローリーボールを使ったトレーニング1	強傾斜でのフットワークを可能にする体幹を鍛える	72
コツ30	ローリーボールを使ったトレーニング2	ホールディングの時間が飛躍的に伸びるロック力を強化する	74
コツ31	ローリーボールを使ったトレーニング3	強傾斜での足送りを強化するトレーニング	76
コツ32	壁を使ったトレーニング1	引き付ける力とホールドの保持時間を伸ばすトレーニング	78

CONTENTS
実践テクを極める！ボルダリング レベルアップのコツ

コツ33	壁を使ったトレーニング2	下半身を中心とした体幹を鍛えるトレーニング	80
コツ34	道具を使ったトレーニング	ボルダリングで必要な握力と伸筋の両方を鍛えよう	82
コツ35	持久力を鍛えるトレーニング	20～100手程の課題を登り筋持久力と体幹を強化する	84
コツ36	腕立て	カラダ全体を使ったプッシュ力を鍛えるトレーニング	86
コラム	無駄な筋力を付けず脂肪を落とす減量法		88

PART 3　ストレッチ・ウォーミングアップ　89

コツ37	中級者向けの準備運動とは？	ストレッチでボルダリングに必要な柔軟性を高め痛みや怪我を予防	90
コツ38	地上で行うストレッチ1	肩の柔軟性を高めれば腕をより遠くへ伸ばせる	92
コツ39	地上で行うストレッチ2	足を使うムーブ、フットワークで必要な柔軟性を高める	94
コツ40	ストレッチとアイシング	中級者に多い指先の「バキる」を防止する	96
コツ41	壁を使ったウォーミングアップ1	難しい課題に挑む前に行いパフォーマンスを上げよう	98

コツ42	壁を使ったウォーミングアップ2	壁を使って行う指先と上半身のストレッチ	100
コツ43	テーピング	ボルダリングで痛みの多い指先や手首を保護する	102
コラム	本番でパフォーマンスを発揮できるピーキングとは？		104

PART 4　1ランク上を狙うフットワーク&ホールド　105

コツ44	フットワーク1	基本のフットワークをおさらいし1ランク上のグレードを狙おう	106
コツ45	フットワーク2	難易度の高い課題で必要に迫られるフックムーブ	108
コツ46	フットホールドのポケット	エッジングのようにカカトを上げて乗るのがポイント	110
コツ47	フットホールドの踏みかえ1	ジリジリと足をスライドさせ左右の足を踏みかえる	112
コツ48	フットホールドの踏みかえ2	ジャンプしている間に左右の足を踏みかえる	114
コツ49	ホールド1	指先で握るのではなく、引っ掛ける意識を持つと距離を稼ぐことができる	116
コツ50	ホールド2	状況に応じてベストなホールディングを見つけよう	118
コツ51	ホールド3	1~3本の指でとらえるポケットのホールディング	120
コツ52	ホールド4	グレードの高い課題で必要な上級テクニック	122
コツ53	カチに苦手意識がある時の対処法	指先だけでなく足でのとらえ方や重心の移動なども意識しよう	124
コラム	2足目以降のシューズは自分に足りない能力を補うものを選ぼう		126

PART 5　大会情報・マナー・レベルアップ予備知識　127

コツ54	コンペ・大会とは？	実力・弱点がわかるコンペに積極的に参加してみよう	128
コツ55	ボルダリングジムでのマナー・モラル	ボルダリングジム内のマナーを守って利用しよう	130
コツ56	壁の形状と種類	壁によって様々な登り方と課題がある	132
コツ57	シューズの選び方	自分に足りない能力、目的によってシューズを使い分けよう	134
コツ58	ジム内で使用する道具・ウェア	ストレッチ性に富み動きやすいものを選ぼう	136
コツ59	日本全国のおすすめ岩場情報		138
コツ60	世界各地の岩場情報		140

本書の特徴・使い方

本書は1ランク上のグレードの課題クリアを目標にしている、初級者から中級者以上を目指す方に向けて作られています。コンペや大会で使える最新テクニックやボルダリングの理論を解説し、また無駄なく筋力を付けるトレーニング法、ボルダリングジムでのマナー、コンペ・大会情報なども掲載しています。ぜひ本書を読んで、日々のトレーニングに役立ててください。

タイトル
このページで取り上げるテクニックです。知りたい項目から読み進めましょう。

コツNo.
本書ではボルダリングに必要な60項目のコツを掲載。見開きごとに解説しているので、習得したいページから選んで読むことができます。

コツ **15** ／ PART 1 初級～中級者のための実践

ハイステップ

カラダを上げるタイ
下半身の柔軟性が

POINT ❶
つま先に体重を乗せ、上体を引き上げる

⬅ 進行方向
⬅ 重心の向き

①左足を高い位置のフットホールドに乗せる。つま先でとらえないようにする。

②カカトら、つまていく。を引き上向に引き

POINT ❷
拇指球でホールドをとらえつま先で立ち上がる

拇指球あたりでフットホールドをとらえるようにする。そのまま上体の引き上げとともにカカトを巻き上げ、最終的につま先で立ち上がることを計算に入れておく。

42

アイコンの説明

重心の向き
次のホールドをとらえるときやカラダのバランスを安定させるために、重心を向ける方向や、意識する方向を示しています。

進行方向
手・足などを次にどこに動かすか、またその結果カラダがどの方向に進んで行くかを示しています。

その他のポイント
動きの中で最も重要な部分を詳しく解説するために、丸で囲んだり、矢印で示しています。

Point
各テクニックを身に付けるために特に理解しておきたいポイントを解説します。

キーワード
このテクニックを身に付ける上でもっとも大切なキーワードです。

本文
紹介しているテクニックの概要を解説します。まずは本文を読み理解しましょう。

高い位置でフットホールドをとらえるムーブ

ハイステップは高い位置のフットホールドへ、一気にカラダを上げていくムーブ。拇指球あたりでフットホールドをとらえ、つま先に体重を乗せていき、壁にこすりあげるように上体を引き上げること。カラダを上げるタイミングと下半身の柔軟性がポイントになる。また、乗り込んでいく足の動きも重要だが、同時に乗り込まないで切っていく足のスメアリングや引き上げも意識の中に入れておくようにしよう。

③右足のフットホールドから、足を離し、こすりあげるように上体を上げていく。同時に体重は左方向に持っていく。

④カラダが安定したら、手を出してホールドをつかむ。

初級〜中級者のための実践テクニック

POINT ❸
カカトを利用したハイステップの応用

ハイステップの応用。状況によってはカカトでカラダを引き上げる方法も有効である。最終的につま先が下がるまで巻き込んでいく。

実 践 ア ド バ イ ス
完全に重心をホールドに乗せればレスティングもできる

ハイステップでカラダを引き上げきれば、完全に重心をホールドに乗せることも可能。両手を離してレスティングもできる。

43

実践アドバイス
より効果的でレベルの高い練習法や、コンペや大会で気を付けるポイントなど、勝つために実践したいテクニックを解説します。

11

column 01

ボルダリングの技術が伸びる人、伸びない人の特徴

　「どうすればボルダリングが上手くなりますか?」と、よく質問されるが、クライミングジムを運営し、多くのクライマーと接していると、実力が伸びる人には共通する特徴があることがわかってきた。

　それは「自分以外の色々な人の登りをよく見ていること」。自分より上手な人はもちろん、同じレベルの人、はじめたばかりの人など、他人のクライミングを客観的に見ている人は、自分のことも頭の中で客観的に分析できるようになり、自分のクライミングに活かすことができる。

　そして、自分の実力を理解している人。難易度があまりにも高いものに手を出さず、自分に合った難易度の課題を選べる人は着実にステップアップできる。反対に、どんどん高難易度に挑戦してレベルを上げようとする人は、必ずどこかで怪我をしてしまう。

　中級者以上のクライマーの場合、週に2〜5日はジムに通い、1日ごとにしっかり目標を持って取り組んでいる人が多い。反対に何も考えずに登っている人は、上達はするが、伸びるのに時間がかかる。

　また、いつも仲間と一緒に登る人は、人の登りも見れてディスカッションできるのがメリットだが、自分で考える癖が付かないので注意。反対にいつも1人で登っている場合は、自分の課題の難易度や自分の実力がわからなくなるので、たまには誰かと登って確認してみよう。

PART 1

初級〜中級者のための実践テクニック

コツ 01　PART 1　初級〜中級者のための実践テクニック
苦手な部分・弱点を知ろう

1ランク上を目指すには今までの登りを自己分析しよう

※SNSにアップしたり動画配信する際のトラブルが増えているので、スマホなどで撮影をするときは、他の人が映らないように注意しよう。

伸び悩んだときは客観的に弱点を見つけよう

ボルダリングをはじめたばかりの頃は、あまり意識しなくてもどんどん上達し、筋力も付いてくる。しかし、初級者以上になると伸び悩み、ときにはグレードが下がってしまうこともある。そんなときは一度客観的に自己分析をし、自分の苦手な部分を把握しよう。そして、その部分を補うムーブの練習や筋力トレーニングを行い、1つずつ弱点を潰していけば突破口が開けるだろう。ここでは自己分析の方法を紹介する。

POINT ❶

自分のレベルに合った コンペや道場に参加する

ボルダリングは他のスポーツと違い、全ての課題に難易度が決められている。明確に自分の実力が数値で表れる珍しいスポーツだ。そのため、実力を測るには自分のレベルに合ったコンペや道場に参加するのが一番。また外の岩場は半永久的に難易度が変化しないので、自分の実力を測りやすい。

POINT ❷

自分の登りを動画に撮り 客観的に分析する

ビデオカメラなどで、パートナーに自分の動きを撮影してもらうのも有効な手段の1つ。映像で見ると自分のイメージしている動きと実際の動きが違うことが多く、何が苦手か、何ができていないかなど、自分の登りを客観的に見ることができる。撮影するときは練習ではなく、なるべく本気で登ること。

POINT ❸

限界グレードの1つ上に チャレンジする

同じ難易度ばかり課題にしていると、やがて行き詰まりがちになる。そこで思い切ってレベルの高い課題にもチャレンジしてみよう。課題が変われば、自分がイメージしたことのないホールドの配置や、カラダの動かし方と出会うので、自分に足りない部分や苦手な部分が明確にわかる。

各国のグレード対応表（例）

	日本	フランス	アメリカ
エキスパート	6段	8c+	V16
	5段(+)、(-)	8c、8b+	V15、V14"
上級	4段(+)、(-)	8b、8a+	V13、V12
	3段(+)、(-)	8a、7c+	V11、V10
	2段(+)、(-)	7c、7b+	V9、V8
	初段(+)、(-)	7b、7a+	V7
中級	1級	7a、6c+	V6、V5
	2級	6c、6b+	V4
	3級	6b、6a+	V3
	4級	6a、5+	V2
初級	5級	5、4+	V1、V0+
	6級〜	4、3+	V0、V0-

初級〜中級者のための実践テクニック

コツ 02 | PART 1 初級〜中級者のための実践テクニック
デッドポイント

無重力になる瞬間を作り
ホールドをキャッチする

POINT ①

反動を付けて無重力空間を作る

← 進行方向
← 重心の向き

①デッドポイントが必要とされるシチュエーションは、右足がフットホールドに乗り、左足はフットホールドがないなど、非常にバランスの悪い状態が多い。

②スタートポジションから、両手を伸ばし反動を使って、カラダを上に引き上げる。

POINT ②

成功した後のカラダの振られは最小限にする

デッドポイントが成功したときのポジション。ホールドをつかんだ後、カラダの振られ（左右にカラダが振られること）が少なくすむように注意しよう。

ホールドをしっかりと見てキャッチすること

デッドポイントは、読んで字のごとくデッド（カラダが落ちること）の前に手を出して、次のホールドをキャッチするムーブ。

カラダ全体を使って反動を利用して飛び出し、一瞬宙に浮いているような無重力になる瞬間を作る。キャッチするまで、しっかりホールドを見て、無重力のうちに的確に手を出すのがポイント。無重力状態でのカラダのコントロールを覚えるまで何度も練習すること。

初級～中級者のための実践テクニック

③一瞬無重力のようになったときに手を出す。タイミングを間違えないように気を付けること。

④ホールドをキャッチしきるまで、しっかりと目でホールドを追って、キャッチのタイミングに注意しよう。

POINT ③

カラダを振り子のように使い反動を付ける

デッドポイントの無重力空間をより多く作り出すためには、飛び出す前におしりを意識して、カラダを振り子のように使って反動を付けるといい。

実践アドバイス
指先に力を入れるタイミングも重要

ホールドをキャッチした瞬間に指先に力を込めよう。キャッチできても指が外れてしまうことがあるので指先に力を入れるタイミングも重要になる。しっかり練習しておこう。

コツ 03　PART 1　初級〜中級者のための実践テクニック
ランジ&ダブルダイノ

次のホールドが遠いときに一気に移動できるムーブ

POINT ❶
キャッシした後はカラダの振られを抑える

← 進行方向
← 重心の向き

①おしりを壁から離し、フットホールドを拇指球でとらえて離陸する。腕は伸びきっている状態にすること。

②足で乗り上がるのと同時に、両腕を引き付け、一気にカラダを引き上げる。目線はつねに次のホールドを見る。

POINT ❷
飛び出す瞬間につま先立ちになる

スタート時は、つま先ではなく力の入りやすい拇指球でとらえ、カカトは下げておくこと。飛び出した瞬間につま先立ちになり、カカトを一気に上にあげる。

上半身と下半身の動作を同時に行うのがポイント

ホールドとホールドの間が遠いときに、下半身をバネのように反動させる動作と、上半身の引き付けのタイミングを同時に行うことで、一気に大きくジャンプしてキャッチするテクニック。

これによって遠いホールドへ一気に移動できる。ホールドは片手または両手でキャッチする。また飛び出す瞬間に足のホールドをつま先でとらえてカカトを上げ、おしりも一気に上へ上げるようにすること。

③タイミングよくホールドをキャッチ。カラダの振られも意識の中に入れて、片手か両手のどちらでキャッチするかを判断すること。

④目的のホールドをキャッチした後は、カラダの振られを抑えるように全身でバランスを取ること。

初級〜中級者のための実践テクニック

POINT ❸

両手でキャッチする場合 ヒジを90度に曲げる

目的のホールドが片手での保持が不可能な場合は、両手でキャッチするのも有効な手段。その場合、ヒジをしっかり90度に曲げ、両手でホールドを抱えるようにする。

実践アドバイス

コンペティションを目指すクライマー必須のテクニック

大会の課題として出る可能性が高く、予選の間に一回は出てくると考えておこう。コンペティションを目指す人は必ず練習しておくこと。

19

コツ 04 PART 1 初級～中級者のための実践テクニック
ルーフクライミング

強傾斜で行う中級者以上のクライマーには必須のスキル

POINT ❶
カラダのバランスを取り振られを抑える

⬅ 進行方向
⬅ 重心の向き

①ルーフクライミングの基本体勢。緩い傾斜の壁よりも、下半身でホールドを押さえる意識でポジションを取る。

②右足をトウフックさせるため、ポジションを整えている。ワンムーブごとに、ヒジが伸びている安定した空間を作り続けるようにする。

POINT ❷
ヒジが曲がっていると余計な力が入ってしまう

強傾斜でのポジションはヒジが伸びているのが大前提。ヒジが曲がっていると無駄な力が掛かるので、自分の身長に合ったポジションでスタートしよう。

腕はホールドにぶら下がり、足を引っ掛ける感覚を意識する

ルーフクライミングは、初級者から中級者以上のクライマーになる上で、必要不可欠なスキル。緩い傾斜の壁では使わないフットワークや、3次元に近いカラダの動かし方を強いられる事が多い。ルーフはイメージどおり、緩い傾斜よりもルーフ全般への負担が大きいので的確に動き、なるべくヒジを曲げず、ホールドにぶら下がること。下半身のフットワークは緩い傾斜の壁よりも、ホールドを引っ掛ける感覚を意識すること。

③右足のトウフックで体重を支え、バランスを保っている。上半身は腕で引き上げているが、下半身はトウフックで引っ掛けている状態。

④右足のトウフックでカラダのバランスを保ち続けているので、この後の振られをどう処理するかもルーフ攻略のポイントになる。

初級〜中級者のための実践テクニック

POINT ❸

足を引っ掛けるようなフットワークが必須

緩い傾斜のクライミングでは必要とされないが、160度以上の傾斜では、引っ掛けるフットワークは必須。靴のアッパーのフリクション（摩擦）が重要になるため、スリッパタイプのシューズがルーフにはおすすめ。

実践アドバイス

大会ではルーフは後にして、緩い傾斜の課題から攻めること

大会ではどのタイミングで強傾斜を攻めるかが重要。いきなりルーフを選ぶとすぐに腕が疲労するので緩い傾斜の課題から攻めるのがセオリー。

コツ 05 　PART 1　初級～中級者のための実践テクニック
反転ムーブ

上下反転した状態で行う
ルーフ特有のムーブ

POINT ❶
腹筋・背筋をつねに意識してフットワークする

⬅ 進行方向
⬅ 重心の向き

①反転ムーブを起こすために動くときは、反転した後に手が出しやすい向きに右手の向きを返しておくこと。

②足を先に送っていく。腹筋を意識して、ホールドを押し付け続ける。腹筋の力を弱めると足が外れてしまい、次のフットワークに移れなくなるので注意。

POINT ❷
**パワーロスが大きいので
オブザベーションが重要**

反転ムーブから元に戻るときは、高確率で足を切る（両足がぶらんとなる）ので、非常にパワーのロスをしやすいムーブでもある。どこで反転を解除するのかオブザベーションが重要になる。

ルーフでのムーブの選択の幅が一気に広がる

足が頭よりも上に来て、上下が反転した状態になるルーフ特有のムーブ。足が上になるので背筋、腹筋の筋力が重要になる。上手く活用できれば、ルーフクライミングでのムーブの選択の幅が一気に広がるので、ぜひチャレンジしてみよう。

3次元の動きになるので、組み立てが難しい高難度のムーブだが、大会などで一見わからない課題でも、反転ムーブを駆使することで突破できるようになる。

③押し付けた足を踏みかえ、左足をトウフックで掛ける。両方の足で1つのホールドを挟み込むイメージ。

④両足でフットホールドを挟み込みながら、次のホールドを狙いに行く。腹筋を意識したまま、腕を一気に引き上げること。

初級〜中級者のための実践テクニック

POINT ❸
両足で押さえ付けてムーブを安定させる

この課題では左足はトウフック、右足はホールドに押し付けている。双方をほぼ同じ力で押さえ付けないと安定しない。ムーブによって、足の上下は逆になる。外れないようにつねに腹筋を意識しておく。

実践アドバイス
大会での使用率も高い、高難度のムーブ

反転ムーブは動きが派手で3次元的なため大会での使用率も高い。どこまで反転で登り、どこで解除するかなど判断が難しい。大会ではしっかりオブザベーションをしておこう。

PART 1 初級〜中級者のための実践テクニック

コツ06 ハリボテの攻略法

大会でのハリボテ課題だけでなく外岩でも有効なテクニック

POINT ①
両足でバランスを取りながら登っていく

← 進行方向
← 重心の向き

①地面に足が付いているときに、ポジションの取りやすいハリボテのポイントを見つけておくこと。

②右腕でハリボテを押し上げ、同時に右足でバランスを取りながら、カラダを上にあげていく。

POINT ②
足は押し付けるように体重を乗せる

緩い傾斜のハリボテはなるべく壁から離れた状態でフットホールドをとらえる。ハリボテに足を押し付ける（スメアリング）ように体重を乗せていく。足全体を乗せるとスリップしやすい。

つかむのではなく押さえる、乗り込むように意識しよう

最近のコンペ・大会ではハリボテの課題がよく出てくるので、しっかりと攻略法を身に付けておこう。また、ハリボテでの動きは、クライミングジムだけではなく、岩場でも非常に有効になってくる。

大きなホールドなので、握る・つかむではなく、押さえる・乗り込む・抱え込むという動きが基本になる。足も全体を乗せるとスリップ（滑る）してしまうので、足を押し付けるようにしよう。

③カラダが上がりきっても右手はそのままにする。そしてバランスを取りながら、右足を上げていく。

④両足のつっぱりで全身のバランスを取る。しっかりバランスを取れている状態なので、両手に力が全く掛かっていない。

初級〜中級者のための実践テクニック

POINT ❸

手で持つときはホールドを押し上げる

ハリボテを手で持つときは、手首をしっかり曲げてプッシュ（ホールドを押し上げる）が基本。またハリボテがゴールの場合、右の写真の形でも完登とみなされる。

実践アドバイス

ハリボテをつかむと外れやすいので注意

ハリボテを手で持つときは、他のホールドのように、ハリボテをつかむように持つと、外れやすくなるので注意。つかむのではなく押し付けること。

25

PART 1 初級～中級者のための実践テクニック

コツ 07 ランニングジャンプ

コンペ上位を目指すなら必須
大会専用の特殊なムーブ

POINT ❶
ホールドを見るタイミングに注意

↑スタートホールド

← 進行方向
← 重心の向き

①まずスタートホールドに対して、走り出す方向を決めること。

②走っている間は、蹴り出すホールドを見る。手でキャッチするホールドは見ずに、オブザベーションのときの記憶を頼りにする。

POINT ❷
蹴り出すホールドをしっかり見ること

ランニングジャンプに慣れていない人はキャッチするホールドを先に見てしまいがち。蹴り出すタイミングがわからなくなるので、蹴るホールドを見ること。

高い位置にあるホールドからスタートできる

　ランニングジャンプはコーディネーション（P62）の1種でコンペ課題として出ることもある。高い位置にあるスタートホールドをとらえるため、助走を付けてハリボテなどを蹴って上にジャンプする。走り出す位置は壁に対して正面でなくてもいいので、自分にあった軌道を選んでスタートしよう。

　コンペで上位を目指すのであれば、必ず習得しなければならない大会専用の特殊なムーブといえる。

③ホールドを蹴り出した瞬間に、手でキャッチするホールドを見る。このタイミングが最も重要で、少しでも遅れると失敗するので注意。

④タイミングよくホールドをキャッチ。つかんだ瞬間に手に力を入れること。

初級〜中級者のための実践テクニック

POINT ❸

真上に飛ぶように蹴ってジャンプすること

蹴り出すホールドはつねに真上方向に蹴るように。そうしないと、壁に向かうのではなく、後ろに跳ね返るように飛んでしまうので注意しよう。

実践アドバイス

他の人にぶつからないように練習しよう

助走を付けて飛ぶため、ボルダリングジムで練習するときは他の人にぶつからないように。周囲に注意して練習すること。

コツ 08 | PART 1 初級〜中級者のための実践テクニック
レスティングのコツ

手をシェイクさせて血流を戻して次のムーブを楽にするテクニック

POINT ❶

次のホールドを持つ途中でシェイクする

⬅ 進行方向
⬅ 重心の向き

②レスティングするときは心臓よりも下で手を振り、血流を戻させるのが理想的。

①ホールドをしっかりと持てている場合、両足の間に重心（おしり）がある状態をキープすること。

POINT ❷

呼吸はメンタル面のレスティングになる

ボルダリングは無酸素になることが多いので、呼吸を意識することで、メンタル面のレスティングにもなる。集中力も高まるので、しっかり呼吸を行うこと。

スー
ハー

手を振ってホールドの保持力を回復させる

　レスティングは手をシェイク（ブラブラと振る）させることで、血流を戻し、手のホールドの保持を回復させることができるテクニック。ルートクライミングでは必要不可欠なムーブだが、ボルダリングではあまり行なわれることがない。

　しかし、レスティングを取り入れることで、次のムーブが楽になることが多いので、中級者以上を目指す場合積極的に行うようにしよう。

③カラダが安定していないときや、ムーブの途中でも、レスティングは可能。この状況の場合は、右手を出すときにレスティングを行うことができる。

④次のホールドを持つ直前にシェイク（手をブラブラと振ること）すると血流が戻り、次のホールドもしっかりと握ることができる。

初級〜中級者のための実践テクニック

POINT ❸
カラダの安定がレスティングにつながる

キレイなフォームでムーブを行うことは、シェイクするポイントを増やすことにつながる。しっかりホールドし、カラダを安定させることで、レスティングを行おう。

実践アドバイス
手を払って汗を取ることもレスティングになる

ズボンで手を拭いたり、パンパンと払うこともレスティングの1つ。手の汗を取ることもでき、メンタル面の回復にもなるので、行うクライマーも多い。

29

コツ 09 PART 1 初級〜中級者のための実践テクニック
ジム・大会でのオブザベーションのコツ

コンペ・大会を有利にする
オブザベーションの練習法

トライ回数を増やさないために必須のオブザベーション

オブザベーションでは、1つひとつのホールドではなく、スタートからゴールまでの道筋全体を見よう。すると、その道にあった壁の形状の利用法や、ホールドの意外な使い方がわかってくる。コンペや大会では、基本的に1課題1分程度と決められている。時間内にすばやくできないと、1回目のトライを失敗し、2回、3回とトライ回数が増えてしまうことになるので、的確に行えるように練習しておこう。

POINT 1

人の登りをあえて見ないで登る練習をする

オブザベーションの練習方法として、本番と同じように、はじめて登る課題を、情報を入れずにトライしてみよう。例えば人の登りをわざと見ない、みんなでトライする場合も一番先に登るなど工夫しよう。ジムの課題はスタッフに頼めば作ってもらうこともできるので、自分に合った課題にトライしてみよう。

POINT 2

カメラは禁止だが双眼鏡の使用はOK

コンペや大会によっては、壁から離れていて、ホールドが見にくいこともある。その場合、オブザベーション中に双眼鏡を使用することは認められている。しかし、ビデオカメラなど記録に残るものは禁止されているので注意しよう。

POINT 3

課題を記憶して頭の中でシミュレーションする

大会中、選手は自分の出番までコースや他人の登りを見てはいけない。会場の様子が見えないようにアイソレーションゾーン（待機所）にいなければいけない。そのため、オブザベーションの後は、頭の中でシミュレーションできるように課題を記憶しておこう。普段から課題を記憶する癖を付けておくこと。

初級～中級者のための実践テクニック

コツ10 PART1 初級〜中級者のための実践テクニック
基本フォームのおさらい

カラダが正体して三点支持が基本
進行方向への重心移動を意識

POINT ①
重心をしっかりと安定させる

← 進行方向
← 重心の向き

①スタートポジション。左足のフットホールドに重心がある状態。

②右のフットホールドに重心を移動させていく。おしりが右のフットホールドの真下に来るまで、重心移動とともにカラダを真横に移動していく。

POINT ②
フォームが安定しないと次のホールドを取りにくい

安定したフォームはおしりの真下にフットホールドがあり、重心も真下にある状態が基本。反対に重心が真下にないと体勢が不安定で、次のホールドも取りにくい。

重心を安定させてから次のホールドを取りに行く

ボルダリングの基本フォームは、まず壁に対してカラダが正面を向くように正体することがポイント。そして、両手両足の4ヶ所のうち、3ヶ所でカラダを支えてホールドをとらえに行く「三点支持」が基本。

ホールドをとらえに行くときは、進行方向への重心移動が重要なポイントになる。重心が安定していない状態では体勢が不安定になり、次のホールドが取りにくくなる。しっかりと重心を安定させよう。

③重心がしっかりと移動終わって安定したら、次のホールドへ手を出す。カラダを真上に引き上げる。

④左足のフットホールドに足を乗せ、重心を移動させる。

初級〜中級者のための実践テクニック

POINT ❸

フォームが安定すればレスティングもできる

重心がおしりの真下にあり、フォームが安定している状態のとき、緩い傾斜であれば手を離すことも可能。そのままレスティングすることもできるので、チャンスがあればレスティングしよう。

実践アドバイス

重心移動の感覚は緩い傾斜で身に付けよう

重心移動が安定している感覚を身に付けるには、強い傾斜よりも、緩い傾斜の壁で課題を練習すると、身に付けやすい。

コツ11 PART 1 初級～中級者のための実践テクニック
ねじり（振り）

次のホールドへの距離を飛躍的に伸ばせるムーブ

POINT ❶
カラダをねじって上にあがっていく

← 進行方向
← 重心の向き

①スタートポジション。この段階ではまだ正体で重心は右のホールドに乗っている状態。右足をアウトサイドエッジングにするため少しカラダを壁から離している。

②次のホールドへの距離を出すために、右腰を付け、同時に右足がアウトサイドフラッギングになっている。

POINT ❷
強傾斜の場合、正対では力のロスが大きい

手を出すとき、腰が壁に当たるイメージを持つこと。右の写真はねじらずに正体で登っている状態。間違ったムーブではないが、強傾斜の場合、力のロスが大きい。

リーチの少ないクライマーは裏ワザとして活用しよう

正体したフォームから、そのままホールドを取るのではなく、例えば右手を出すときに右腰を壁に付けるほどカラダをねじることで、普段より遠くへ右手を出すことができるのが「ねじり（振り）」。次のホールドへの距離を飛躍的に伸ばすことができるムーブだ。他のムーブと違い、クライミングをする中で自然と出てくる動きなので、次のムーブへ移行しやすい。リーチの少ないクライマーの裏ワザともいえる。

③目的のホールドをキャッチしたら、次のねじりへの準備をすること。

④左手を出すので左腰を付け、カラダをねじりながら上にあがっていくイメージ。

初級～中級者のための実践テクニック

POINT ❸
下を向くことでさらに距離を伸ばせる

次のホールドがぎりぎりの距離にある場合、ホールドを見ず下を向いてねじると、より遠くまで手を伸ばすことができる。ねじりきったらホールドを見ること。

実践アドバイス
次のホールドまでの距離を頭で計算しておくこと

ホールドを見ずにねじる場合、次のホールドまでの距離を頭で計算して手を出さないと、ホールドをとらえることができないので注意しよう。

コツ12 PART 1 初級〜中級者のための実践テクニック
キョン

両足で下半身を安定させ次のホールドを楽にする

POINT ❶
キョンでカラダを安定させて次のホールドへ行く

← 進行方向
← 重心の向き

①右足をフットホールドに載せた後、左足のホールドのキョンをかける位置を決めておく。

②普通のフットホールドのとらえかたと違い、足の拇指球でホールドをとらえる。

POINT ❷
つま先ではなく拇指球でホールドをとらえる

普通のフットワークとは違い、つま先ではなく、拇指球でとらえるのがポイント。そこから足をぐるっと回転させて、足の裏が上を向くようにして、突っ張る。

次のホールドを取りに行きやすいムーブ

　両足の突っ張りによって、体重を分散させて、カラダを安定させるムーブ。片方の足はフットホールドの上側に置き、もう片方はホールドの側面から下側に当てて、そこから足の裏が上を向くようにぐるっとヒザを内側へ回すように折り曲げる。

　しっかりと決まれば下半身が安定し、次のホールドを取りに行くのが楽になる。しかしヒザを故障しやすいムーブなので注意が必要である。

③足の裏が上を向くように、左足を外側からぐるっと回す。同時に右足もホールドを突っ張り、カラダを安定させる。

④両足が安定したところでカラダをねじり、遠くにある次のホールドをとらえる。

初級〜中級者のための実践テクニック

POINT ❸

支持力が強い深めのキョンも有効

カラダが下がるくらいまでの深めのキョン。支持力が強いのが特徴だが、ヒザの靭帯を痛めやすいので注意が必要。アンダーのようなフットホールドにも有効である。

実践アドバイス

キョンの後はねじって次のホールドへ

キョンが決まった状態から、次のホールドをカラダをねじってとらえに行くときは、ねじり（p34）と同様、顔を下に向け、なるべく肩を壁に近づけると遠くまで手を伸ばせる。

コツ 13 | PART 1 初級〜中級者のための実践テクニック
バックステップ

キョンより安定性が低いが次のムーブへ移行しやすい

POINT ❶
バックステップの後、ねじりを意識して上がる

← 進行方向
← 重心の向き

①スタートポジション。次の狙うホールドが横向きのホールドなため、正体で行くと保持しにくいのでバックステップを選択。

②左足はインサイドエッジのまま、右足を巻き込んでいく。

POINT ❷

インサイドエッジでホールドをとらえる

キョンの突っ張りに対して、バックステップは片方の足がホールドを踏む感覚を忘れずに。しっかりとインサイドエッジでつま先でホールドをとらえること。

両足の突っ張りではなく片方はホールドに足を乗せる

キョンよりもより有効性が高く、よく使われるムーブである。キョンの場合は両足を左右に突っ張るが、バックステップの場合は突っ張らない。

片方の足はホールドを踏んでいて、もう片方の足が横方向に力が入っているのがバックステップである。

そのため、キョンほどのポジショニングの安定性はないが、その代わり次のムーブへの移行がしやすいのが特徴である。

③右腰のねじりを意識したまま、次のホールドへ乗り上がっていく。

④バックステップはキョンと違って両足で突っ張るわけではないので、ホールドをとらえた後の次のムーブはすばやく行える。

初級〜中級者のための実践テクニック

POINT ❸

足の力をそれぞれ下方向と横方向に入れる

一見キョンと同じに見えるムーブだが、両足で突っ張るのではなく、片方は下方向に、もう片方は横方向に力が入っている点が大きく異なる。

実践アドバイス

クライミングの途中で組み込みやすいムーブ

バックステップはクライミングの途中でムーブに組み込みやすいテクニックなので、オブザベーションをしっかり行わなくても使っても構わない。

39

PART 1 初級～中級者のための実践テクニック

コツ 14 フラッギング

ねじりができない場面やフットホールドが少ないときに重宝するムーブ

POINT ❶
ヤジロベーのようにバランスを取る

← 進行方向
← 重心の向き

①フラッギングが必要なときは、フットホールドが1つしかない場合が多い。

②左足のフットホールドよりも左方向に右足を持って行き、左足を軸足に仕立てる。

POINT ❷
インサイドとアウトサイドの2種類がある

フットホールドを踏んでいる足よりも外側に足を出すことをアウトサイドといい、内側の場合はインサイドという。インサイドの方が次のフットワークに移行しやすい。

アウトサイド　　インサイド

旗を振るように足をスイングさせる

　自分のカラダをヤジロベーのようにし、バランスを取るムーブ。

　旗を振るように足をスイングさせ、軽い遠心力を生み出すことで、遠くのホールドをとらえることができる。足の動きに合わせて、肩の力を使って、上体を上にあげることが重要。

　ねじりを入れられないようなシチュエーションや、フットホールドが少ないルートで有効なテクニックだ。

③ヤジロベーのようにバランスを取りながら、肩の力で上に引き上げる。

④フラッギングを解除するまで、カラダの力は抜かないようにする。

初級〜中級者のための実践テクニック

POINT ❸
**フラッギングしないと
カラダが回転してしまう**

全くフラッギングをしないで次のホールドを取りに行ってしまうと、左足の軸足がはがされて、カラダが回転してしまうので注意。

実践アドバイス
**苦手な人は
胸や肩の筋力を
鍛えよう**

フラッギングは上体を引き上げる力がないとムーブが起こしにくい。フラッギングが苦手な人は胸や肩の筋力を鍛えよう。

PART 1 初級〜中級者のための実践テクニック

コツ15 ハイステップ

カラダを上げるタイミングと下半身の柔軟性がポイント

POINT ❶
つま先に体重を乗せ、上体を引き上げる

← 進行方向
← 重心の向き

①左足を高い位置のフットホールドに乗せる。つま先でとらえないようにする。

②カカトを巻き上げながら、つま先に体重を乗せていく。同時に肩で上体を引き上げ、右足も上方向に引き上げていく。

POINT ❷
拇指球でホールドをとらえ つま先で立ち上がる

拇指球あたりでフットホールドをとらえるようにする。そのまま上体の引き上げとともにカカトを巻き上げ、最終的につま先で立ち上がることを計算に入れておく。

42

高い位置でフットホールドをとらえるムーブ

ハイステップは高い位置のフットホールドへ、一気にカラダを上げていくムーブ。拇指球あたりでフットホールドをとらえ、つま先に体重を乗せていき、壁にこすりあげるように上体を引き上げること。カラダを上げるタイミングと下半身の柔軟性がポイントになる。また、乗り込んでいく足の動きも重要だが、同時に乗り込まないで切っていく足のスメアリングや引き上げも意識の中に入れておくようにしよう。

③右足のフットホールドから、足を離し、こすりあげるように上体を上げていく。同時に体重は左方向に持っていく。

④カラダが安定したら、手を出してホールドをつかむ。

初級〜中級者のための実践テクニック

POINT ❸

カカトを利用したハイステップの応用

ハイステップの応用。状況によってはカカトでカラダを引き上げる方法も有効である。最終的につま先が下がるまで巻き込んでいく。

実践アドバイス
完全に重心をホールドに乗せればレスティングもできる

ハイステップでカラダを引き上げきれば、完全に重心をホールドに乗せることも可能。両手を離してレスティングもできる。

43

コツ 16

PART 1　初級～中級者のための実践テクニック

クロスムーブ

ホールドの持ち替えができないときに選択するムーブ

POINT ❶

手をクロスさせカラダを切り返す

← 進行方向
← 重心の向き

①スタートポジション。ここから右上のホールドをとらえに行く。マッチ（手を持ち替えること,p50）が不可能だと判断したので、クロスムーブを選択。

②手をクロスして左手でホールドをとらえにいく。このときはまだ体重のほとんどが右手にあり、右手のみでホールドを保持している状態。

POINT ❷

**重心は次に取る
ホールドの真下に**

クロスムーブで重要なのは切り返すときの軸足。軸足が次に取るホールドの真下にないと、ホールドを保持した瞬間に足をはがされて、落ちてしまうので注意。

手をクロスし切り返すのが重要

次のホールドをとらえるため、手をクロス（交差）するムーブ。ホールドをキャッチしていくことよりも、その後の切り返しが重要になってくる。クロスムーブはホールドの持ち替えができないときに強いられるムーブの1つ。コンペや大会では、クロスムーブを強いるために、ハンドホールドをポケットホールドで構成することが多い。ポケットが連続する場合はクロスムーブが強いられると考えよう。

③カラダをくるっと切り返しながら、左手のホールドへ力を移行していく。クロスムーブの中で最も重要な動きの部分。

④完全に切り返しが終わってから、次のホールドをとらえるようにすること。

初級〜中級者のための実践テクニック

上から手を出しにくい場合は下から出す

次のホールドをとらえる腕が上になるのが基本（この場合は左手）だが難しい場合は下に出すのも有効。ただし軸足から切り返すのに力が必要になので注意。

実践アドバイス

片手保持ができるほどカラダが安定してから次のホールドへ

クロスムーブは片手保持ができるまでしっかりと切り返すこと。右手がフリーになったら、次のホールドをとらえにいくのがポイント。

コツ 17 | PART 1 初級～中級者のための実践テクニック
手に足

フットホールドのない場面で使用する
ハイステップムーブの応用

POINT ❶
手で保持しているホールドに足を乗せる

⬅ 進行方向
⬅ 重心の向き

①スタートポジション。「手に足」のムーブをするときは左手で保持しているホールドに足を乗せられるようにずらす。

②保持しているハンドホールドよりも内側にヒザを入れ、ホールドに乗って行く。保持している手より内側に足を乗せる。

POINT ❷
足を乗せる位置を計算しておく

手を通常の持ち方から、ホールドに足を乗せられるようにずらしてスペースを空ける。足を乗せても手が外れないように計算してホールドを持つこと。

46

事前のオブザベーションが重要なムーブ

　読んで字のごとく、手で保持しているホールドに足をかけていくハイステップムーブの応用。「手に足」を行うときは、ホールドを保持している手をずらして、足を乗せる範囲を作り、そこに足をバランスよく乗せること。

　手をずらしすぎると、ホールドの保持ができず、足の位置が悪いと体重を乗せられないので、事前のオブザベーションが大事になる。

③「手に足」状態をキープしながら、カラダを引き上げていく。カラダが乗り切ったら、左手のハンドホールドから手を離し、体重を左のホールドに乗せていく。

④「手に足」が完成すれば、後はハイステップ同様、重心をフットホールドの真下に持っていく。左足のおしりのところに重心がある。

初級〜中級者のための実践テクニック

POINT ❸

カカトを乗せる「手にヒール」

「手に足」の応用で手で保持しているホールドに、足のカカトを乗せる、通称「手にヒール」というテクニック。必要になる場面も出てくるので覚えておこう。

実践アドバイス

大会ではスタートから「手に足」を強いることが多い

コンペ・大会では「手に足」を強いるために、スタートポジションにフットホールドがない場合が多い、その場合、「手に足」からスタートすること。

コツ 18 PART 1 初級〜中級者のための実践テクニック
ステミング

壁に挟まれたときに使える両足を突っ張らせるムーブ

POINT ①

両足を突っ張らせて安定させる

← 進行方向
← 重心の向き

①スタートポジション。ステミングでカラダが安定できるフットホールドを探しておく。

②大きく足を開き、カラダの安定に入る。柔軟性のないクライマーはここでカラダを大きく上に引き上げるのがポイント。

POINT ②

両足で押さえるイメージで突っ張る

両足の突っ張りを利用して安定させるため、フットホールドをつま先ではなく、力のかけやすい拇指球でとらえること。乗るのではなく押さえるイメージ。

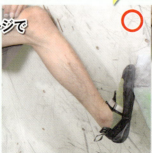

人工壁の大会では課題になることが多い

両足（もしくは両手）の突っ張りによって、カラダを安定させるムーブ。2つの壁に挟まれた凹角部分では必須のテクニックで、特に外の岩場では必要不可欠。安定させれば、手を離してレスティングも可能。

また人工壁の大会では、ステミングをして両手を離してゴールという課題が非常に多い。手を離してゴールという課題がある場合は、ステミングが出てくることも計算に入れておくこと。

③両足を左右に広げて突っ張る。下半身で突っ張りながら、上半身は壁の中に入り込ませる。

④上半身が安定すれば、下半身の突っ張りだけで、両手を離せるまでの安定感を得ることができる。

初級〜中級者のための実践テクニック

POINT ❸
腕のステミングからはじめる課題もある

ステミングは足だけでなく、手でも応用できる。足と同様に両腕を突っ張らせよう。ステミングからスタートの課題も多いのでマスターしよう。

実践アドバイス
壁に背中を向けて行うステミングの応用

壁に背中を向けた状態のステミングを強いられることもある。その場合、上体が引き剥がされることが多いので、うまくバランスを取るように。

コツ 19 | PART 1 初級〜中級者のための実践テクニック
マッチ

遠い位置にあるホールドを取るため手を持ち替えるムーブ

POINT 1
カラダを安定させてからマッチを解除する

← 進行方向
← 重心の向き

①右手で保持しているホールドを持ち替えようとしている。そのために、左手をマッチできるような空間を作っておく。

②両手でマッチしている状態。このとき、1本ずつ指をずらして、左手でより保持しやすいようにしている。

POINT 2
指の本数を調整し両手でマッチ可能

右手で保持するホールドに左手もつかみ、右手を外してマッチ完了。片手でしか持てないような小さなホールドでも、指の本数を調整することで両手で持てる。

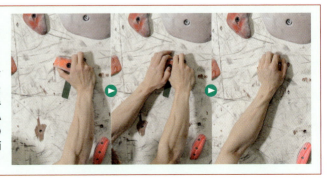

両手でマッチしてゴールとする課題もある

　マッチとは片手で保持しているホールドを両手で持ってから、反対の手に持ち替えていくムーブのこと。クロスムーブのように、次のホールドが遠い位置にあるときや、手の小さい人が使用すると楽になり、次のホールドを持つことができる。

　課題の中には、両手でマッチするゴールホールドもある。この両手マッチが核心となる課題のことを「両手マッチ核心の課題」という。

③左手のマッチが完了したら、一度右手が自由になるようにカラダを安定させる。

④カラダがしっかり安定しきってから、次のホールドへ手を出す。中途半端な状態でマッチを解除しないように注意。

初級〜中級者のための実践テクニック

POINT ❸

手を重ねれば両手マッチになる

両手で持つことができないホールドがゴールの場合、写真のように片手で持ったホールドにもう片方の手を重ねることで両手マッチのゴールとみなされる。

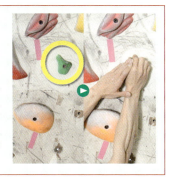

実践アドバイス

大会ではマッチとクロスムーブを選ぶ課題が多い

コンペ・大会ではクロスムーブとマッチのどちらも使えるような課題が多い。自分の得意な方でもいいし、状況によって使いわけてもよい。

51

PART 1 初級〜中級者のための実践テクニック

コツ 20 レイバック

外岩のクラック(割れ目)課題で必須になるテクニック

POINT ❶
重心をつねに足と反対に掛けて登る

← 進行方向
← 重心の向き

① 写真のようなクラック(割れ目)で、カラダが真横になるようなイメージでのスタートポジションが基本。

② 両足は右方向に押しつつ、重心は左方向に持っていきながら次のホールドを取る。

POINT ❷
上半身のバランスと下半身の突っ張りを意識

バランスが崩れると、ドアが開くようにカラダが壁から引き剥がされてしまう。つねに上半身のバランス、下半身の突っ張りを意識して上がっていくこと。

両手両足の3点を安定させながら残りの1点を動かしていく

両手両足を同方向に引っ張りながらカラダを上に進めていくムーブ。人工壁では使うことが少ないが、外の岩場のクラック（割れ目）課題では重要なテクニックの1つ。ポイントは、つねにバランスを取り続けること。完全に安定するポジションを取るのは難しいので、両手両足のうち3点を安定させながら、1点を動かしていく。つねに上半身と下半身の突っ張りを意識して動いていくこと。

③上半身が右方向に行かないように、つねに左方向に重心を意識しながら、両手でマッチしている。

④つねにカラダの振られを抑えながら手を出していく。

初級～中級者のための実践テクニック

POINT ❸
レイバックなしでは動けなくなってしまう

上の写真と同じホールドの位置で、レイバックなしで登っている状態。ハンドホールドの位置が悪く、壁の中に入ってしまっているので、全く動けなくなる。

実践アドバイス
レイバックを上手くなるには体幹の筋力を鍛えよう

レイバックを成功させるには腹筋などの体幹の筋力が重要になる。足を押し続けるための筋力が弱いと、カラダが折れてしまい、レイバックは安定しない。

53

コツ 21 | PART 1 初級〜中級者のための実践テクニック
抱え込み

指先で保持できない場所も登ることができるムーブ

POINT ❶
つねにホールドを抱えながら上体をあげる

①左手と右手で、それぞれホールドを抱え込んでいる。なるべく力は均等にかけること。上体は上にあがっているほうが安定しやすい。

②上体をあげ、右手で抱え込みながら、左足をホールドへ。この課題の場合、ヒールフックが有効。

POINT ❷
抱え込みなしで登るとパワーロスが大きい

抱え込まないで登っていく場合、全てのハンドホールドを指先で保持して登っていかなければならないので、パワーのロスが大きい。結果的に登れないホールドも出てくる。

54

カラダ全体でホールドを抱え込みながら登る

凸角状の壁で有効なテクニックで、ホールドを指先ではなく、カラダ全体で抱え込みながら、上に登っていくムーブ。ホールドに対して下からではなく、左右から力を入れ、両手で圧迫しながら保持する。

ボルダリングのムーブの中ではかなりパワフルな部類になる。パワーのロスも大きくなるが、指先で保持できない場所も登っていくことができる。

③つねに上体をあげ続けること。両手は左右のホールドを抱え込むように保持する。

④次のホールドをとらえたら、すぐに上体をあげていくことがポイント。

初級〜中級者のための実践テクニック

POINT ❸

両手で圧迫しながらホールドを保持する

ホールドを両手で圧迫しながら保持し、カラダを安定させるのがポイント。写真のように両側から力を入れるようなイメージでホールドを持とう。

実践アドバイス

胸や肩の筋力を鍛えることで保持力がアップする

抱え込みをマスターするためには筋力アップが必須。特にホールドを両側から圧迫するため、胸や肩の筋力を鍛えることで保持力がアップする。

55

コツ 22 ニーバー

PART 1 初級～中級者のための実践テクニック

強傾斜でも手を離せるほどの強い保持力を持つ

POINT ❶
つま先とヒザ上をしっかり入れて保持する

⬅ 進行方向
⬅ 重心の向き

① 上体がまだ右の壁にある状態で、ニーバーの効かせられるポイントを見つける。

② 左足のカカトを上げ、同時に左の太ももをホールドに押さえ込んでいる。

POINT ❷
太ももの部分でホールドをとらえる

ニーバーという名前だが、実際にはヒザではなく、ヒザの関節よりも上の太ももの部分でホールドをとらえるように。

1本の足で突っ張りカラダを安定させる

2ヶ所のホールドの間を、突っ張り棒のようにつま先とヒザ（ヒザ上）を使って突っ張り、カラダを安定させるホールド。

しっかりと決まれば、強傾斜でも両手を離せるほどの強い保持力を持ち、レスティングも可能。

しかし、1本の足で体重を支えるので、ヒザ上の太ももやふくらはぎに負担が掛かるテクニックでもある。

③カラダの重心を左方向に持って行き、全体重を左太ももに持っていく。少しずつヒザに体重を預けて行くイメージ。

④ヒザに全体重を乗せるイメージが得られれば安定し、両手を離してレスティングもできる。

初級〜中級者のための実践テクニック

POINT ❸

ヒザを支点にして全体重を掛ける

つねに体重をヒザに乗せて、効かせ続けられるようなポジションを見つけよう。この写真の場合、右方向に体重が掛かっている状態なので、安定している。

実践アドバイス
ニーバーの最中はふくらはぎを意識して突っ張る

1本の足で全体重を支えるので、ふくらはぎからヒザにかけての足の筋力が必要。ニーバーの最中はつねにふくらはぎを意識して突っ張ること。

コツ 23　PART 1　初級〜中級者のための実践テクニック
マントリング

全身の筋力を使いホールドを這い上がって登るムーブ

POINT ①

ホールドを押さえてからマントリングに入る

⬅ 進行方向
⬅ 重心の向き

②指先でホールドを持たず、両手全体でプッシュしてカラダを上げていく。

①ホールド（またはリップ）を掴んだら、マントリングを行えるように、フットホールドの位置を確保しておく。

POINT ②

上体が上がりきったら手首を返すのがコツ

足を掛けたあと、カラダが上がりきった状態になったら、手のひらを返す動きによって、登ることができる。肩やヒザなど大きい部位を意識しながらカラダを引き上げる。

外岩だけでなくコンペ課題で必須のパワームーブ

基本的に外岩で必須のムーブだが、ジムでもボリュームなどの大きなホールドを使った課題が用意されていることがある。また、コンペ課題として出てくることがあるので、コンペには必須となるムーブだ。外岩と違い、人工壁のマントリングは決められたホールドの中で行わないといけないので、狭いホールドの中で行ったり、フットホールドがない中で両手だけで行うなど、外岩よりも動きが限定されることが多い。

③上体がしっかり上がり安定したら、足を乗せて這い上がっていく。

④足がかかったらカラダ全体で引き上げていく。

初級〜中級者のための実践テクニック

POINT ❸
頭を壁に押し付け肩より内側に入れる

カラダを引き上がるとき、上を見ずに頭を壁の方に押し付けるようにする。頭が肩より後ろにあるとマントリングできないので、カラダを折りたたみ、頭を内側に入れること。

実践アドバイス
フットホールドがない課題でも上体を意識

グレードの高いマントリング課題の場合、フットホールドがない状態で両手だけで這い上がらないといけない課題もある。その場合も基本と一緒で上体をあげるのを意識するのがコツだ。

59

コツ 24 サイファー

PART 1 初級〜中級者のための実践テクニック

大きく足を振って遠いホールドを取りに行くパワームーブ

POINT ❶
左足の蹴り出しと同時に左腕をしっかり曲げる

← 進行方向
← 重心の向き

①取りに行くホールの目測を間違えないよう、距離感の予想をしっかりと立てること。

②左足を軸に、右足を振り子のように矢印の方に下していく。極力壁にカラダを入れず、両方の手と片足のみが壁に設置しているイメージ。

POINT ❷
腕の力で引き上げてタイミングよく曲げる

腕をタイミングよく曲げること。腕の力でいかに引き上げるかがポイント。しっかりホールドを持てていないとできないので、動けるホールかどうか見極めることも大事。

成功すれば体力の消耗を防ぐことができる

大きく足を振り、遠いところにあるホールドを取りに行くムーブ。ランジやダブルダイノに近い動きで、空中感覚も問われる。デッドポイント同様、取りに行くホールドの目測を間違えないようにすること。片腕懸垂ができるくらいの力がないとできないパワームーブだが、踏みかえをしなくて済むので、トータルでは体力消耗を防ぐことができる。サイファーでないと、できない課題もあるので身につけておきたい。

③左足で強く蹴り出すと同時に、左腕をしっかり曲げて距離を出す。この場合、左腕と左足のタイミングがずれると、距離が出ないので注意。

④スタティック（静的）なムーブに比べると、下半身の振られが大きくなるので、保持力に余裕がないと成功しない。

初級〜中級者のための実践テクニック

POINT ❸
振る足より左腕と左足の踏み出しを意識すること

振る足にばかり意識をして踏み出してしまうと、上方向への距離が出ないので、右足の振り出しより左腕の引きつけと、左足の踏み出しを意識すること。

実践アドバイス
フォールの可能性もある諸刃の剣

成功すれば体力の消耗を防ぐことができるが、一瞬の判断ミスでフォールしてしまう可能性もある。大会では一度フォールしたら、二度目はセオリー通りの選択をしたほうが良いだろう。

コツ 25 — PART 1 初級〜中級者のための実践テクニック
コーディネーション

2つのムーブを一度に行うことで成立するムーブ

POINT ❶
カラダの中心が目標地点に向かうイメージを持つ

進行方向
重心の向き

①写真のようにハンドホールドのキャッチする向きもかかりも悪く、なおかつ飛んだ先にしっかりしたフットホールドがある場合、コーディネーションで突破することができる。

POINT ❷
手足の先端ではなく重心全体が移動するのが大事

取った先のホールドではなく、飛んだ先に自分自身がいることをイメージしよう。手や足など一ヶ所だけに意識がいってしまうと手足のタイミングがずれて失敗しやすい。

コンペ課題として出されることが多い

コーディネーションとは、2つのムーブを一度に行うことによって、成立するムーブのこと。例えばランジをしようとしても、手だけでは止められないような課題のとき、足を同時に出すことでカラダの振られを止め、次のムーブに行くことができる。最近のコンペでは、このコーディネーションでしか解決できない課題も多く存在する。動き出す前にコーディネーション課題かどうかを見極めておくのもポイントだ。

②手や足だけに意識を持たずカラダの中心（重心）が目標地点に向かっていくようなイメージで飛ぶ。

③手と足でカラダの振られを止める。振られを止めるところまでをイメージしてムーブを起こすこと。

初級〜中級者のための実践テクニック

POINT ③

最も動きやすいポーズを意識しよう

手を出すことを意識するより、一番バランスのよいポーズを意識して飛ぶことが大事。最も動きやすいポーズを意識してカラダを動かす。

実践アドバイス

積極的に練習して感覚を掴んでおこう

なかなか練習する機会がなく、偶発的に生まれるムーブでもないので、日頃の練習が大切。コーディネーションの課題に出会ったときは、積極的に練習して感覚を掴んでおくこと。

column 02

トレーニング前後、トレーニング中の食事

　ボルダリングにおける食事は、①筋肉が疲れた状態を回復させる食事。②次のクライミングに向けた栄養摂取のための食事。③量を押さえて減量するための食事。と大きく3つに分けられる。

　ボルダリングはカラダが軽ければ軽いほど有利になるが、筋力もなければいけないスポーツ。どんな食事をすればいいか悩んでいる人も多いだろう。

　練習やコンペがはじまる前の食事は、3時間は間を空けて取るのがおすすめ。丼物など水分や質量、油物が多い食事を取ると、カラダが重くなるので控えよう。また炭水化物も取り過ぎないように。イメージとしてはボクサーの食事に近い。つねに脂質やカロリーを計算しておこう。

　クライミング中は水分をしっかり取ること。トレーニング中の食事は、1日ジムにいる場合はカロリーメイトやおにぎり、パンなど糖質が入っているものが好ましい。また、クライミング中は分食が基本。お腹いっぱいにならないように、腹5分目くらいの気持ちで。全く取らずにいるのも、血糖値が下がって倒れてしまうこともあるので注意しよう。

　登り終わったあとは、30分以内にプロティンや、BCAAを摂取して、翌日に疲れを溜めないようにすること。

PART 2

弱い部分を克服する
トレーニング法

PART 2 | 弱い部分を克服するトレーニング法

コツ 26 中級者向けのトレーニングとは？

苦手なムーブ、足りない筋力を適切なトレーニングで克服する

初級者以上に必要な筋力トレーニングを紹介

定期的にクライミングジムに通い、グレードも順調に上がっていたのに、ある日を境に急に行き詰まりを感じるときがある。その原因の1つが様々な部位の筋力不足である。

初級者の場合、ジムに通っているうちに、自然と筋肉が付いてくるが、中級者レベルになると、上半身や体幹の筋力不足を痛感するはず。

また、苦手なムーブや、どうしてもクリアできない課題も出てくる。ムーブを正確に起こすにも筋力が必要不可欠になってくるので、苦手なムーブを克服するためには、どのようなトレーニングが必要か理解し、無駄のない適切なトレーニングを心がけよう。

ここではキャンパシングボード、ローリーボールを使ったトレーニングをはじめ、壁や道具を使ったトレーニングなど、弱い部分を克服するためのトレーニング法を紹介する。

弱い部分を克服するトレーニング法

キャンパシングボードを使ったトレーニング

ジムだけでなく、最近では自宅に設置する人も多いキャンパシングボード。瞬発的にカラダを引き上げるための、腕や指先の筋力を強化するトレーニングなどを紹介する。
▶P68〜

ローリーボールを使ったトレーニング

ボルダリングジムに設置されているローリーボールを使ったトレーニング。主に強傾斜で安定した腕の引き上げ力強化、ホールディングの保持時間を伸ばすトレーニングや、体幹を鍛えるトレーニングを紹介する。
▶P72〜

壁を使ったトレーニング

道具を使わなくても、ボルダリングジムにあるクライミングウォールを使って、筋力トレーニングを行うことができる。ジムの課題の中から、自分の筋力や鍛えたい部位に合わせてトレーニングしよう。▶P78〜

道具を使ったトレーニング

握力トレーナーやチューブを使って、ボルダリングに必須の握力と伸筋を強化するトレーニング。また、道具を使わずに自重で体幹を鍛える腕立て伏せのトレーニングも紹介する。
▶P82〜

コツ 27 PART 2 弱い部分を克服するトレーニング法
キャンパシングボードを使ったトレーニング1

カラダを引き上げる力と瞬発力を鍛える

MENU ①
カラダを引き上げるトレーニング

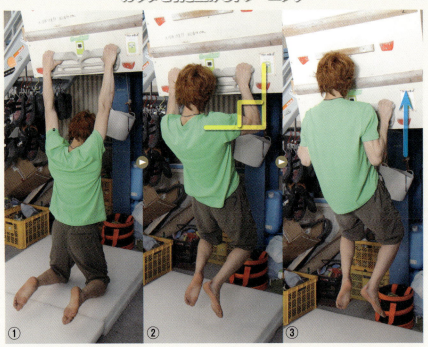

① ② ③

回数・目安

①→②→③→②→①の順に動く。
1つの動作につき10〜15秒ずつ維持してから次に移る。

効果のあるムーブ・動作

・抱え込み
・マントリング
・上体を引き上げる動作

ポイント

フィンガーボード（ガバホールド）を使ってカラダを引き上げる力を鍛えるトレーニング。ヒジをしっかり伸ばした状態で10〜15秒間、指先に力を入れずにホールドする（①）。次にヒジが90度になる位置までカラダを引き上げて15秒間維持する（②）。自分の引き上げられる限界までカラダを引き上げて15秒間維持する（③）。各動作はなるべくゆっくり、息を吐きながら行うこと。

ラングとフィンガーボードを使用した練習

　キャンパシングボードとは、伝説的なクライマーである、故ヴォルフガング・ギュリッヒが考案したといわれる。そのキャンパシングボードに打ち付けられているラング（木の棒）や、フィンガーボード（ガバホールド）を使うことで、効率的に指や上半身の筋力を鍛えることができる。メニュー１ではカラダを引き上げる力、保持力を鍛え、メニュー２では上半身の瞬発力を鍛えるのに有効なトレーニングを紹介する。

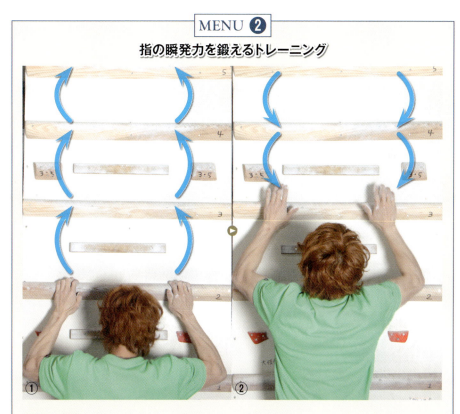

MENU ❷
指の瞬発力を鍛えるトレーニング

回数・目安
３〜６段のラングを上まで登って、また降りてくる。
　（指の腱などに強い負荷がかかるので、カラダが疲労しているときは控えたり、回数を減らすこと）

効果のあるムーブ・動作
・ダブルダイノ
・デッドポイント

ポイント
ラング（木の棒）を使って指の瞬発力を鍛えるトレーニング。ダブルダイノで３〜６段のラングを上まで登ったら、また降りてくる。両腕の力でカラダを一気に引きつけて、無重力になったときに、両手を出す。手を出すタイミング、指に力を入れるタイミングが非常に重要。慣れてきたら、ラングからラングへのスピードをなるべく速くすることで、瞬発力を鍛えることができる。

弱い部分を克服するトレーニング法

コツ 28 PART 2 弱い部分を克服するトレーニング法
キャンパシングボードを使ったトレーニング2

デッドポイントの正確性と
ホールディングの持久力を鍛える

MENU ①
ラダートレーニング

① ②

回数・目安
1往復を1セットとして、休憩をはさみながら3セット。余裕がある場合は2〜3往復で1セットでもよい。

効果のあるムーブ・動作
・デッドポイントの正確性アップ
・ホールディングの持久力アップ

ポイント
キャンパシングボードのラングに両手でぶらさがった状態からスタートし、片手を交互に出して1段ずつ登っていく。3〜5段のラングを登り切ったら、反対に1段ずつ降りてくる。1往復で1セット。カラダ（下半身）が左右に振られないようになるべくブレを抑えながら行うこと。

下半身のブレを抑えることでホールドの支持力がアップ

　ラング（木の棒）にぶらさがった状態から、瞬間的に腕を引きつけることによって、クライミング中のデッドポイントの正確性を上げるラダートレーニング。カラダ（下半身）のブレをなるべく抑えるようにすることによって、カラダ全体を使ったホールドの支持力アップにもつながる。また応用として1段抜かしで行うことで、より負荷を掛けることができる。つねに高負荷が掛かり続けるので、疲労のない状態で行うこと。

MENU 2
ラダートレーニングの応用

弱い部分を克服するトレーニング法

回数・目安
1往復を1セットとして、休憩をはさみながら3セット。余裕がある場合は2〜3往復で1セットでもよい。

効果のあるムーブ・動作
・より遠くのホールドへのデッドポイントの正確性アップ
・瞬発的に上半身を引き上げる力の向上

ポイント
キャンパシングボードのラングに両手でぶらさがった状態からスタートし、ラングを1段抜かしで上がっていく。3〜5段を登りきったら、降りてくるときも1段抜かしで降りてくること。降りてくるときは、スリップする可能性が高いのでフォール（落下）に注意すること。

コツ 29　PART 2　弱い部分を克服するトレーニング法
ローリーボールを使ったトレーニング1

強傾斜でのフットワークを可能にする体幹を鍛える

MENU ①
足上げトレーニング

回数・目安
足を前方に90度上げて5〜10秒キープ×3セット

効果のあるムーブ・動作
・ルーフクライミングなど体幹を駆使するムーブ
・強傾斜でのフットワーク

ポイント
ローリーボールを両手で持ち、上半身と下半身が90度の角度になるように、足をしっかりと上げる。そのまま5〜10秒キープしたら、足を下げて1セット終了。2セット目以降を行う場合、地面に足をつけず、再び90度に上げる。足の上げ下げは息を吐きながら、なるべくゆっくり行うこと。足上げトレーニングは、強傾斜でのフットワークに効果的。

ウォーミングアップにも有効なトレーニング法

昨今のクライミングジムでは、キャンパシングボードだけでなく、ローリーボールを設置しているジムも多い。ローリーボールは、ボールが揺れて、つねにカラダが不安定な状態になるので、体幹を鍛える点でキャンパシングボード以上に効果がある。指先への負荷も少ないので、クライミング前のウォーミングアップにもおすすめ。ローリーボールを使った足上げのトレーニングを紹介する。

MENU ❷
足上げトレーニングの応用

回数・目安
足を左右それぞれ5秒ずつキープ×3セット

効果のあるムーブ・動作
・強傾斜でのヒールフック
・強傾斜でのトウフック

ポイント
ローリーボールを使い、足を左右に上げるトレーニング。ローリーボールにぶらさがった状態から、両足をそろえて片側になるべく高い位置まで上げる。その状態で5秒キープする。ゆっくり正面に戻り、地面に足をつけずに、今度は反対側に足を上げて5秒キープする。左右の足を上げる高さは、同じにすること。メニュー1よりもより実戦的だ。

弱い部分を克服するトレーニング法

PART 2 弱い部分を克服するトレーニング法

コツ 30 ローリーボールを使ったトレーニング2

ホールディングの時間が飛躍的に伸びるロック力を強化する

MENU ①
腕上げトレーニング

回数・目安
両腕を引き上げた状態で10秒キープし、ゆっくり引き戻す×2〜3セット

効果のあるムーブ・動作
・強傾斜での安定したムーブができるようになる
・あらゆる傾斜でのホールドを保持してからの引き上げ力アップ

ポイント
両手でローリーボールを持ち、ヒジが完全に曲がるまで両腕を引き上げる。カラダが上がりきったところで、10秒キープする。カラダを引き戻すときはなるべくゆっくりと動かすこと。できれば地面に降りずに連続して2〜3セット行うと効果あり。下半身が振られたり、カラダが回らないように、腹筋に力を入れてカラダのブレを抑えること。

腕を上に引き上げるトレーニング

しっかり腕を曲げて片手でホールドを保持するロック力を身につけるトレーニング。指先の力を鍛えるのではなく、上腕二頭筋を中心とした、カラダを上に引ききった状態からのキープ力を鍛えることができる。

キープ力が鍛えられると、次のホールドへ向かうときの、ホールディングの時間が飛躍的に伸びるので、デッドポイントの安定感が伸びる。また、強傾斜での安定したムーブも可能になる。

MENU ❷
腕上げトレーニングの応用

回数・目安
片手を離して3秒キープし、また両手でローリーボールを持つまで×2〜3セット

効果のあるムーブ・動作
・メニュー1よりも、さらに強傾斜での安定したムーブができるようになる

ポイント
メニュー1同様、カラダをゆっくりと引き上げる。カラダが引き上がったところで、ローリーボールを持ったまま、ヒジがしっかり伸びきるまで片方の腕を伸ばす。このときに、曲げている方の腕に力を意識する。その状態でカラダを静止させたら、伸ばしている方のローリーボールから手を離し、その状態で3秒キープ。同様に反対側の腕でも行う。

弱い部分を克服するトレーニング法

コツ 31 PART 2 弱い部分を克服するトレーニング法
ローリーボールを使ったトレーニング3

強傾斜での足送りを強化するトレーニング

MENU ①
逆上がりトレーニング

① ②

回数・目安
足を上げきったところで5〜10秒間キープしてゆっくりと戻ってきて1セット。

効果のあるムーブ・動作
・ルーフクライミング
・反転ムーブ（足を先に送るときなど）

ポイント
ローリーボールにぶら下がった状態から、逆上がりの要領でカラダを反転させる。つま先が真上に来たところで、ストップした状態で5〜10秒間キープする。そのまま、ゆっくりと戻ってきて1セット終了。頭が下になるトレーニングなので落下に注意。余裕があれば、ローリーボールから降りずに2〜3セットできると効果的。

ローリーボールにぶら下がり逆上がりの要領で行う

　背筋を中心とした体幹を鍛えるのに非常に有効なトレーニング。ローリーボールにぶら下がった状態から、鉄棒の逆上がりの要領で、カラダを反転させる。

　筋力が付くだけでなく、強傾斜での足送り（ホールドよりも足を上げていくようなムーブや、遠いホールドへのフックムーブなど）をする際の腹筋、背筋の意識も養うことができる。頭が下になるので、落下に注意しよう。

MENU ❷
逆上がりトレーニングの応用

① ②

回数・目安
左右それぞれ3秒間キープする。
1往復を3〜5セット。

効果のあるムーブ・動作
・足を先に送る動作

ポイント
メニュー1と同様に、ローリーボールにぶら下がった状態から、足を上にして逆さの体勢になる。そこから足を90度真横にスライドして、3秒間キープする。そのまま降りずに180度逆方向に足を向けて3秒間キープする。足を振り子のように振ること。左右同じ高さになるように、パートナーに目標となる足の位置を指示してもらうとやりやすい。

弱い部分を克服するトレーニング法

コツ 32 PART 2 弱い部分を克服するトレーニング法
壁を使ったトレーニング1

引き付ける力とホールドの保持時間を伸ばすトレーニング

MENU ❶
引き付けトレーニング

① ②

回数・目安
ウォールを1往復して1セット。
休憩を挟みながら3セット以上行う。

効果のあるムーブ・動作
・カラダを引き上げる動作
・上半身の筋力を引き上げるムーブ

ポイント
130度以上の強傾斜の壁でガバホールドを選び、足を使わずに懸垂のように上半身を引き付けて登っていく。登り切ったら、同じホールドで降りてくる。下半身を振られないように登っていったり、反対に下半身を大きく振りながら登るなど、変化を付けてもよい。カラダを引き上げるときに下半身の動きを意識することによって、強傾斜での足の使い方の意識を鍛える効果がある。

道具がなくてもできる人工壁を利用したトレーニング

キャンパシングボードなどの道具がないクライミングジムでも、クライミングウォールを使って筋力を強化するトレーニングを行うことができる。メニュー1は足を使わずに登っていくことで、上半身の筋力を鍛え、足の使い方を意識することができるトレーニング。

メニュー2は片手でホールドを保持する直前の状態をキープすることで、片手で保持する筋力を鍛えることができる。

弱い部分を克服するトレーニング法

MENU ❷
片手保持力強化トレーニング

回数・目安
ウォールを1往復して1セット。
3〜5個の課題を選び、休憩をはさみながら行う。

効果のあるムーブ・動作
・スタティックなムーブ（デッドポイントの真逆で、ゆっくりとホールドを取りに行く動き）や、カラダ全体を使ったムーブに有効。

ポイント
自分にとって簡単な課題をセレクトして行う。ムーブを起こし、次のホールドを保持しようとする瞬間の体勢で、ホールドを保持しないで5秒間静止した状態をキープする。その後、ホールドを保持して次のムーブへ。同様に次のホールドを保持する瞬間の体勢で静止して、5秒間キープしてからホールドを保持する。それをくり返し上まで登り切れたら、同じようにして降りてくる。

コツ33 PART 2 弱い部分を克服するトレーニング法
壁を使ったトレーニング2

下半身を中心とした体幹を鍛えるトレーニング

MENU ①
壁を使った足上げトレーニング

① ②

回数・目安
3〜5秒間キープで1セット。地面に降りずに2〜3セット行う。

効果のあるムーブ・動作
・強傾斜での足送り
・腹筋を使って踏み込むムーブ

ポイント
ローリーボールのトレーニングと同様、ホールドにぶら下がり、特定の位置のフットホールドまで両足を上げ、しっかりとホールドを踏みつける。その状態で、3〜5秒間キープする。そのあと、なるべくゆっくり両足を戻す。ぶら下がるホールド、目標とするフットホールドを色々と変えながら行ってみよう。

より実戦的な足上げトレーニング

ローリーボールの足上げトレーニングをクライミングウォール内で応用したトレーニング。無数にあるホールドから、自分の足の長さ、ホールドの保持能力に合わせてホールドを選ぼう。

ローリーボールのトレーニングに比べて、フットホールドに乗ることまで意識できるので、より実戦的である。また、なるべく強傾斜の壁で行うことで負荷を上げることができる。

MENU ❷
壁を使ったトレーニングの応用

① ② ③

回数・目安
左右それぞれのホールドに足を乗せて1セット。一度も地面に降りずに3〜5セット行う。

効果のあるムーブ・動作
・フットホールドをとらえる動作
・足ブラ状態から遠くのフットホールドに乗るとき

ポイント
メニュー1同様、ホールドにぶら下がった状態から、特定のフットホールドに両足で乗って3〜5秒間キープする。ゆっくり降りてきて、反対方向のフットホールドに両足で乗り、3〜5秒間キープする。腹筋が疲労してくるが、スピードや勢いをつけずに行うこと。フットホールドの位置をカラダより近くしたり遠くすることで、強度の上げ下げが可能。

弱い部分を克服するトレーニング法

コツ 34 PART 2 弱い部分を克服するトレーニング法
道具を使ったトレーニング

ボルダリングで必要な握力と伸筋の両方を鍛えよう

MENU ①
握力強化トレーニング

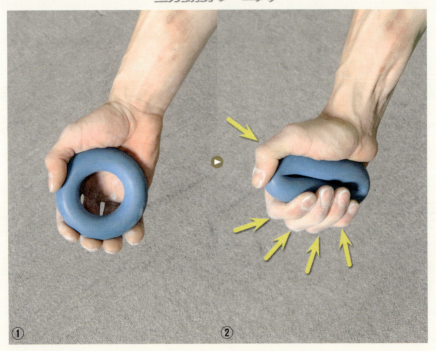

① ②

回数・目安
パンプ（筋肉の張り）を感じるまで。なるべくゆっくりと行う。

効果のあるムーブ・動作
・ホールド全般に有効

ポイント
クライミング専用の「握力トレーナー」（ハンドクリップでも可）を使用するトレーニング。ただ握りこむだけでなく、なるべくゆっくりと指の第1関節、第2関節が曲がるのを意識しながら握り込んでいく。回数を意識しすぎて動作を速くしないように注意し、しっかりと握ること。クライミング前のウォーミングアップとして使うクライマーも多い。

チューブなどの道具を使って行うトレーニング

ボルダリング初心者はよく握力が重要だと思いがちで、握り込むトレーニングしかしないことが多い。

しかし、ボルダリングには握りこむ力だけでなく、指を伸ばす筋力（伸筋）も必要である。両方の筋力を鍛えることが、1ランク上のグレードを目指すためにも重要になる。ここではクライミング専用の「握力トレーナー」やチューブを使ったトレーニングを紹介する。

MENU ❷
伸筋強化トレーニング

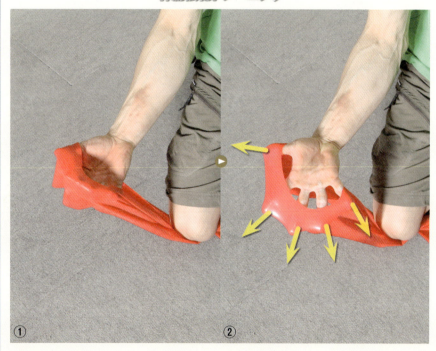

① ②

回数・目安
回数は意識せず、手のパンプ（筋肉の張り）が感じられるまで行う。

効果のあるムーブ・動作
・ホールド全般に有効

ポイント
指を伸ばす筋力（伸筋）を鍛えるトレーニング。チューブなど、帯状の器具を使用する。ヒザなどで押さえて、テンションをかけた状態で指先にチューブを引っ掛けておく。その状態から全ての指の関節が伸びきるまで開く。開いた状態で1秒間キープし、ゆっくりまた握り込む。伸筋を鍛えることによって、トレーニング中の指の怪我の防止にもつながるので、ウォーミングアップに取り入れのも効果的。

弱い部分を克服するトレーニング法

コツ 35

PART 2 弱い部分を克服するトレーニング法

持久力を鍛えるトレーニング

20～100手程の課題を登り筋持久力と体幹を強化する

ルートクライミングのように腰付タイプのチョークバックを付けて行う方法もある。ジムによっては腰付タイプを禁止している場合もあるので注意。

回数・目安
20手ほどの課題から行う。完登したら10～15分の休憩を入れ、同じ課題に挑戦する。登る手順を増やしたりインターバルの時間を短くすると、負荷を上げることができる。

効果のあるムーブ・動作
・前腕の筋持久力の強化
・下半身や体幹の強化（強傾斜の場合）

レスティングを挟みながら行う「ナガモノ」課題の練習

「ナガモノ」と呼ばれる20〜100手程の課題を登るトレーニング。ナガモノの課題を設定しているジムもあるが、もし課題がない場合は自分でルートを作成する。自分で作る場合は、休憩時間なども計算すること。ボルダリングウォールを専有するので、周囲の様子を見ながらチャレンジしよう。ナガモノ挑戦中にフォール（落下）してしまった場合、休憩せずに落ちた場所から再度挑戦して、必ずゴールまで登り切ること。

ポイント❶

ナガモノの課題がジムで設定されていない場合は、自作する必要がある。5手から10手ずつムーブを起こし、紙にメモを書いていこう。頭の中で課題を覚えることもトレーニングにつながるので、どんどん課題を自作していこう。

ポイント❷

最初のうちは慣れるまで足のフットホールドの位置は自由に設定しておく。徐々に足を限定したり、ホールドのマッチ（p50）を禁止するなど、ルールを自分で設定して、課題の難易度を上げていこう。

ポイント❸

5手から8手の通常の課題と違い、途中でレスティングも必要になってくる。片腕を休めるためにカラダを安定させて、バランスをしっかり整えた上でレスティングしよう。慣れてきたら、課題を設定するときに、あらかじめレスティングするポイントも入れておこう。

弱い部分を克服するトレーニング法

PART 2　弱い部分を克服するトレーニング法

コツ36　腕立て

カラダ全体を使った
プッシュ力を鍛えるトレーニング

MENU ❶
左右非対称の腕立て

回数・目安
片方の腕が上の状態で10〜15回。そのままの体勢で腕を入れ替え、10〜15回行う。

**効果のある
ムーブ・動作**
・ハリボテ
・マントリング時のカラダ全体の引き上げ

ポイント
片方の腕が肩よりも上、もう片方が肩よりも下の状態で、腕立て伏せの姿勢になり、その状態でゆっくりと腕立て伏せを行う（①）。10〜15回行ったら、手の位置を入れ替えて同様に10〜15回行う（②）。腰がねじれてしまわないように体幹を意識しながら行う。

自重トレーニングで無駄のない筋力を付ける

器具も道具もいらない、どこでもできるクライミングに有効なトレーニングの1つ。ボルダリングでは余計な筋力を付けるいわゆるマッチョ体型ではカラダが重くて登れなくなる。そこで、腕立て伏せなど、おもりを使わない自重トレーニングがおすすめ。

腕立て伏せは肩まわりを中心とした、体幹のトレーニングとして非常に有効である。しかし、やりすぎると、ヒジの故障になりかねないので注意が必要だ。

MENU ❷ 腕立ての応用

回数・目安
腕を開いて、閉じて1セット。連続で3〜5セット行う。回数やスピードは意識せず1つひとつの動作を意識しながら行うこと。

効果のあるムーブ・動作
・カラダを引き上げるムーブに有効。瞬発力を付けることができる。

ポイント
肩と同じ高さに手を置いた状態で腕立て伏せの体勢を取り、3秒間キープする（①）。その状態で一気にカラダを押し上げ、デッドポイントと同じように無重力の瞬間を作り、その浮いている間に両腕を中央にスライドさせる（②）。腕が胸の内に入った状態で3秒間キープする。そこから同様に無重力の状態を作り元の体勢（①）に戻る。

弱い部分を克服するトレーニング法

column **03**

無駄な筋力を付けず脂肪を落とす減量法

　ボルダリングは体重が軽いに越したことがない。ボルダリングをはじめた最初のうちは、あまり意識しなくても自然と体重が減っていくが、中級者になると体重がぴったりと止まる時期がやってくる。反対に増えはじめたという人もいるかもしれない。それは脂肪よりも重量がある筋肉が増えたためなので、太ったと勘違いしないこと。それを加味した上で、ボルダリングにおいて必要ない脂肪・脂質を削ぎ落とすことが減量につながると考えよう。

　筋トレをするときは自重トレーニングが基本。無駄のない筋肉が付く、いわゆる細マッチョが理想の体型になる。反対にマッチョな人はカラダが重くなり、肩の可動域も狭くなってしまい、登りにくくなるので注意。

　ボルダリングは無酸素運動に近いので、有酸素運動をすることで体重を減らすことができる。車でクライミングジムに通っていたのを自転車やウォーキングに変えるなど工夫してみよう。

　同時に食事制限をしている人も多い。量を減らしたり、仕事をしている社会人の中には、夜クライミング直前に軽食で夕食を済ませて、クライミング後はプロティンだけにするという人もいる。またお酒が好きな人は我慢せずに飲んでもいいが、つまみは控えよう。

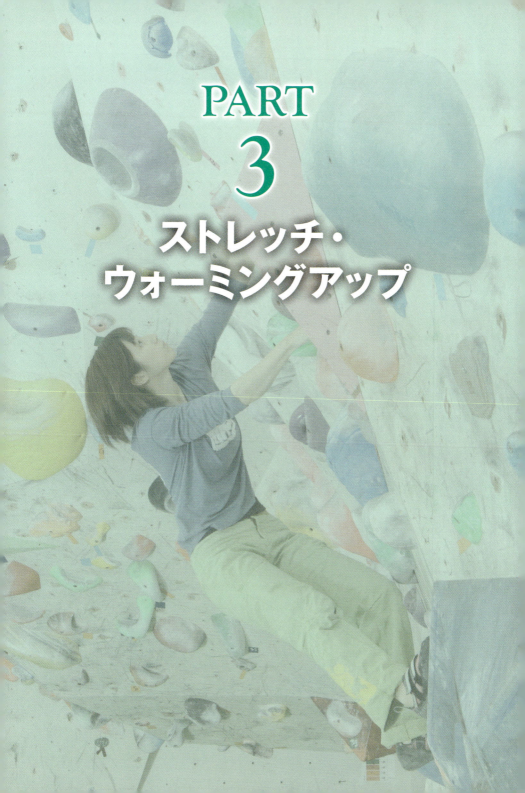

PART 3
ストレッチ・ウォーミングアップ

コツ 37 PART 3 ストレッチ・ウォーミングアップ
中級者向けの準備運動とは？

ストレッチでボルダリングに必要な柔軟性を高め痛みや怪我を予防

練習の後はテーピングやアイシングでケア

ボルダリングにおけるストレッチは、準備運動として効果があるのはもちろん、日々ストレッチの癖を付けることで、柔軟性の向上にも役立つことができる。特に上半身は肩まわり、下半身は腰、股関節まわりの柔軟性を上げることで、より遠くの距離にあるホールドをとらえることができるようになるので必ず行おう。

また、ボルダリングは指、腰などに全体重が乗り、強い負荷が掛かるものが多く、怪我につながりやすい。中でも、ある程度上達してきたときに、「パキる」と呼ばれている指の怪我を経験する人が非常に多い。

中級者以上を目指してトレーニングを続けていると、疲労が溜まり、指がパキる可能性はとても高くなるので、痛みや怪我を防ぐためには、ストレッチと合わせて、テーピングやアイシングなどのケアの方法も覚えておこう。

ストレッチ・ウォーミングアップの種類

地上で行うストレッチ

一般的なストレッチで構わないが、ボルダリングの場合は、肩の柔軟性が要求されるので、腕と肩まわりのストレッチを入念に行うこと。また、ハイステップやヒールフックなど、独特のフットワークを可能にする腰や股関節のストレッチや、指先の怪我を防ぐストレッチも欠かせない。
▶P92～

壁を使ったウォーミングアップ

地上でのストレッチの後、すぐに課題に取り組むのではなく、最初は壁を使ってストレッチをしたり、簡単な課題を使ってウォーミングアップをしよう。徐々にカラダを慣らしていき、軽くパンプするくらい温まってきてから課題に取り組む方がパフォーマンスを上げることができる。
▶P98～

テーピング

コンペや課題に取り組んでいる途中で、指先や手首に痛みを感じたら、テーピングを巻いて保護しよう。しかし、つねにテーピングを巻いていると癖になり、関節が変形してしまう場合もあるので注意。また、関節の保護以外にも普通のテープとしても使えるので、ジムでも外岩でもつねに携帯しておこう。
▶P102～

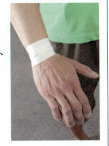

アイシング

クライミングを終えた後は、氷と水でアイシングを必ず行うこと。特に週に何回かボルダリングジムに通うようになってきたら、腕の疲労回復と怪我の予防をするために、しっかりとクールダウンして、筋肉を休めるように。
▶P97～

PART 3 ストレッチ・ウォーミングアップ

コツ38 地上で行うストレッチ1

肩の柔軟性を高めれば腕をより遠くへ伸ばせる

MENU ①

肩まわりのストレッチ

回数・目安
左右、10～15秒間ずつ行う。

効果のある ムーブ・動作
・より遠くのホールドへ距離を伸ばせる

ポイント
片方の腕のヒジを、もう片方の腕でしっかりと押さえ、10秒間キープする。肩の筋肉がしっかりと伸びている感覚を意識しながら行うこと。ウォーミングアップ時以外にも、腕がパンプしてきたときに行うこと。

①

②

腕や肩まわりなど上半身をほぐすストレッチ

トレーニング前は上半身、特に腕や肩まわりのストレッチを必ず行うこと。

立った状態でもできるので、ウォーミングアップはもちろん、課題の合間や、腕がパンプしてきたときに行うように習慣付けておくこと。

怪我の予防だけでなく、肩の柔軟性があるほど、腕をより遠くへ伸ばすことができるので、より遠い距離にあるホールドをとらえることができるようになる。

MENU ❷
肩甲骨まわりのストレッチ

回数・目安
左右、10〜15秒間ずつ行う。

効果のある ムーブ・動作
・より遠くのホールドへ距離を伸ばせる

ポイント
片方の腕をカラダの後ろに持っていき、ヒジを持ち下に押す。肩甲骨まわりが伸びているのを意識しながら、10〜15秒間キープする。ウォーミングアップ時以外にも、腕がパンプしてきたときに行うこと。

ストレッチ・ウォーミングアップ

コツ 39 PART 3 ストレッチ・ウォーミングアップ
地上で行うストレッチ2

足を使うムーブ、フットワークで必要な柔軟性を高める

MENU ❶
腰のストレッチ

回数・目安
左右、10〜15秒間ずつ行う。

効果のあるムーブ・動作
・ハイステップ
・ヒールフック

ポイント
床に座り片足を立て、もう片方の足の反対側へ組む。立てた足のヒザに反対側のヒジを掛けて、上半身をひねる。そのまま腰部分の伸びる感覚を意識しながら10〜15秒間キープする。上半身をひねるときは、首も同じ方向に向けることで、首まわりのストレッチにもなる。反対も同様に行う。

上半身の怪我や痛みの予防にもつながる

ハイステップやヒールフックなど、足を使うムーブやフットワークで必要不可欠になる、下半身の柔軟性を高めるストレッチ。柔軟性があるほど、より高い位置へ足を上げることができる。

また、腰や股関節のかたさが原因で上半身の怪我につながることも多々ある。上半身の怪我や痛みが多い人は、下半身もしっかりストレッチしよう。

MENU ❷
股関節のストレッチ

回数・目安
10〜15秒ずつキープして行う。

効果のある ムーブ・動作
・ハイステップ
・ヒールフック

ポイント
地面に座り、両足のカカトを合わせる。両手でつま先を持ち、両足をカラダへ引き寄せ、両ヒザが地面に付くようにする。自分の限界までヒザが降りたら、上半身を倒し、股関節を伸ばすように意識する。

ストレッチ・ウォーミングアップ

PART 3 ストレッチ・ウォーミングアップ

コツ40 ストレッチとアイシング

中級者に多い指先の「パキる」を防止する

MENU ①
指先のストレッチ

回数・目安
左右の指10〜15秒間ずつ行う。

効果のある ムーブ・動作
・指先の怪我の防止
・パキるのを防止

ポイント
ヒジを伸ばした状態で手のひらを広げ、反対の手で指を手前に引っ張る。写真のように、数本まとめて伸ばしてもよいし、怪我が心配な場合は、1本ずつ伸ばしても構わない。小指、親指もしっかりと行う。指の腱が伸びているような感覚を意識すること。

96

アイシングでクールダウンすれば怪我の予防につながる

ボルダリングにおいて最も多いのが指の怪我。ムーブ中による負荷により、「パキッ」という音とともに指先に激痛が走る、いわゆる「パキる」という怪我は中級者に多くみられる。予防として、指先もしっかりとストレッチすること。また、クライミングの後はアイシングも必ず行うこと。パンプした腕を冷やすことで疲労回復、怪我の予防になる。怪我をしたときも、しっかりと冷やしてから病院へ行くこと。

MENU ❷
アイシング

回数・目安
氷を入れて、しっかりと腕が冷えるまで行う。

効果のある ムーブ・動作
・指先の怪我の防止
・パキるのを防止

ポイント
クライミング終了直後、バケツに氷と水を入れて、両腕を冷やす。クールダウンさせることで、疲労を回復し、怪我を防ぐことができる。なるべく大きめのバケツを用意し、ヒジまでしっかりと入れるのが好ましい。よく行くジムがあれば、アイシング専用のバケツを用意しておくといいだろう。

ストレッチ・ウォーミングアップ

コツ 41 PART 3 ストレッチ・ウォーミングアップ

壁を使ったウォーミングアップ1

難しい課題に挑む前に行いパフォーマンスを上げよう

MENU ❶
負荷の少ない課題でのウォーミングアップ

← 進行方向
← 重心の向き

① ②

回数・目安
3～5回程度、腕が軽くパンプするまで簡単な課題を登る。

効果のあるムーブ・動作
・怪我の防止
・パフォーマンスの向上

ポイント
いきなり難しい課題に挑戦する前に、自分にとって、負荷の少ない簡単なルートをゆっくりと登って、ウォーミングアップすること。決められた課題でなくても、自由にホールドを使って行ってもよい。指先や肩、腰の動きを意識しながら行い、その日の調子を確認しよう。軽く腕がパンプするくらいが望ましい。

簡単な課題で軽くパンプするほどカラダを温める

地上での準備運動が終わったからといって、いきなりウォールで課題に取り組んでもパフォーマンスは上がらず、大きな怪我にもつながりやすい。

そこで練習開始直後や、難しい課題に挑む前はカラダを慣らすため、クライミングウォールの課題を使ってウォーミングアップしよう。徐々に調子を上げていき、軽くパンプするくらいカラダが温まってきたら難しい課題にチャレンジしよう。

MENU ❷
壁を使ったストレッチ

① ②

回数・目安
1つのムーブ・フットワークで10〜15秒間行う。様々なムーブを意識しながら行うことが望ましい。

効果のあるムーブ・動作
・怪我の防止 ・パフォーマンスの向上

ポイント
壁を使い、その日にチャレンジする課題に出てくるムーブや、苦手なフットワークでストレッチを行う。写真のように、ヒールフックの課題がある場合は、わざと高い位置にヒールフックをかけ、しっかりと足の筋を伸ばす。あくまでストレッチなので、ハードなホールドでは行わないこと。

ストレッチ・ウォーミングアップ

PART 3 ストレッチ・ウォーミングアップ

コツ42 壁を使ったウォーミングアップ2

壁を使って行う指先と上半身のストレッチ

MENU ❶
指先のストレッチ

回数・目安
1ヶ所につき、10〜15秒間ぶら下がる。

ポイント
ホールドに両腕でぶら下がって行う指先のストレッチ。ヒジと指の第二関節は伸びた状態で、指先から肩までが一直線になるように意識してぶら下がる。ホールドの形状は左右違うものでもよい。ホールドの種類を変えて負荷を調節することもできる。両腕が軽くパンプする程度行う。

100

やさしい課題を使って徐々に負荷をかけよう

壁を使って行う指先と上半身のウォーミングアップ。指先に全体重が掛かるボルダリングでは、いきなり難しい課題で指先に負荷を掛けるのではなく、やさしい課題からはじめて、徐々に負荷を掛けていくように心がけよう。

練習開始直後だけでなく、難しい課題にチャレンジする前に、様々な形状や位置のホールドを使って、指先と上半身のストレッチを行おう。

MENU ❷
上半身のストレッチ

回数・目安
1ヶ所につき、10～15秒間ぶら下がる。

ポイント
上半身、特に腕まわりのストレッチ。地面に立った状態で、つかみやすい高さのホールドを持ち、様々な方向にカラダを引っ張る。肩が伸びホールドにしっかり力を入れることで、前腕のウォーミングアップにもなる。様々な位置のホールドで行おう。

ストレッチ・ウォーミングアップ

コツ43 PART 3 ストレッチ・ウォーミングアップ
テーピング

ボルダリングで痛みの多い指先や手首を保護する

MENU ❶
指の関節を保護するテーピング

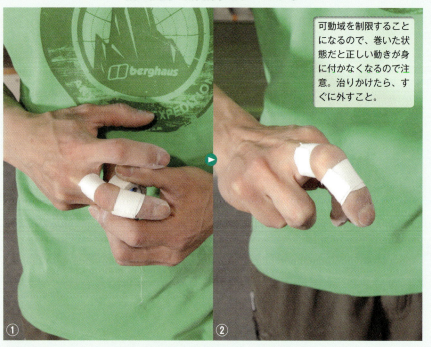

可動域を制限することになるので、巻いた状態だと正しい動きが身に付かなくなるので注意。治りかけたら、すぐに外すこと。

① ②

効果のあるムーブ・動作
・指の第二関節が痛むとき
・指の第二関節の保護

ポイント

ボルダリングをしていると、指の第二関節が痛みやすい。その場合、直接第二関節に巻くのではなく、第二関節の可動域を制限するように上下にテーピングを巻くと保護することができる。ゆるく巻くとクライミング中に抜けてしまうが、きつく巻きすぎると、血が止まってしまうのでうまく調節して巻こう。指先のテーピングは常習すると指の形が変形する恐れもあるので、痛むときだけにして、テーピングを巻いて登るのを癖にしないように。

102

関節の保護以外にも様々な使い方ができる

ボルダリングでは主に指先や手首が痛いときにテーピングを使って保護する。

関節の保護以外にも、指先の皮膚が痛いときなどに巻いたり、普通のテープとしても使えるので、外の岩場、ジムどちらにも必ず持っていくようにしよう。

また、外壁では指が切れて血が出たときに巻いたり、高いところをブラッシングするときに、樹の枝にテープを巻き付けて掃除したりもできる。

MENU ❷
手首の関節が痛いときのテーピング

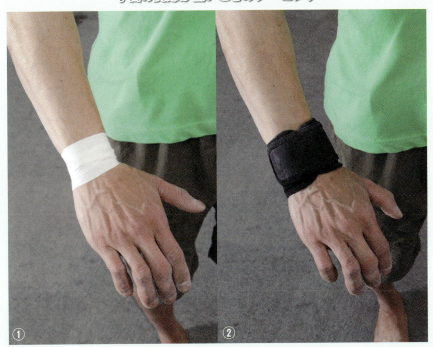

① ②

効果のあるムーブ・動作
・手首が痛いとき
・手首の保護

ポイント
手首の関節が痛いときは、テーピングテープを手首に巻いて可動域を制限することで保護することができる。スポーツ用のサポーター（②）でも代用可能だが、スローパーを保持するときや、マントリングをするときに動きが制限されてしまうので注意が必要。クライマーは手首の痛みが慢性化しやすいので、痛みを感じたら早めに保護しよう。手首が痛いまま登り続けていると、痛みが癖になってしまうので、痛みが引くまで休憩すること。

column 04

本番でパフォーマンスを発揮できるピーキングとは？

　ピーキングとは、コンペや大会、外岩の目標課題に挑む日など、予定した日に体調をピークに持っていくこと。筋力が回復したり、調子が上がるタイミングは人それぞれなので、ピーキングを考えるときは1ヶ月前、1週間前という単位で、目標日に向かってスケジュールを調整していく。

　1ヶ月単位でピーキングを考える場合、まず目標体重を決める。本番に合わせ1ヶ月前から徐々に体重が減るように調整する。そして、目標に合わせてトレーニングを行おう。最後の1週間は最終調整を行う期間。本気で登らずに、カラダに負荷の掛からない簡単な課題をたくさん行うこと。大会の2日前からはなるべく登らないようにして、筋力の回復、指皮の回復に努める。前日はサウナに行くとリフレッシュでき、体重も減るのでおすすめ。

　ピーキングをすると、目標とする大会や課題のことを意識し続けることができるので、モチベーションが高まり良い結果につながりやすい。毎週のように大会に出ている人もいるが、ピークが作りにくくなるので注意。結果よりも経験を積むために出るならよいが、どの大会でもどっちつかずになるので注意すること。大会の後は回復も考えて2～3日は休むようにしよう。

PART 4

1ランク上を狙う
フットワーク&ホールド

コツ44 PART 4　1ランク上を狙うフットワーク&ホールド
フットワーク1

基本のフットワークをおさらいし
1ランク上のグレードを狙おう

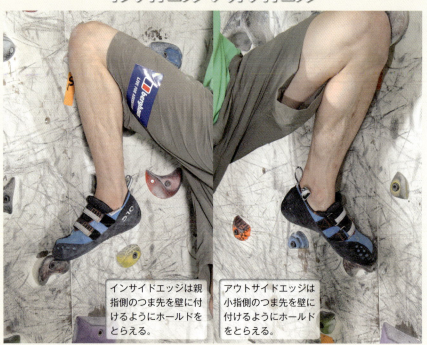

MENU ①　インサイドエッジ・アウトサイドエッジ

インサイドエッジは親指側のつま先を壁に付けるようにホールドをとらえる。

アウトサイドエッジは小指側のつま先を壁に付けるようにホールドをとらえる。

効果のあるムーブ・動作

<インサイドエッジ>
・ムーブ全般
<アウトサイドエッジ>
・ムーブ全般
・ねじり（振り）

ポイント

ボルダリングにおいて、もっとも使用頻度の高いフットワークが、ホールドに対するいわゆる「つま先立ち」をするインサイドエッジとアウトサイドエッジだ。インサイドエッジは親指の側面を壁に当てるようにして、つま先の内側をホールドに置くフットワーク。アウトサイドエッジは小指の側面を壁に当てるようにして、つま先の外側をホールドに置く。どちらもカカトはつねに上げておく。

ムーブやホールドの形状によってフットワークを使い分ける

ボルダリングのフットワークはつま先でホールドに立つことが基本。しかし、ムーブやホールドの形状によっては、足の様々な箇所を使って、ムーブを起こしていく必要がある。バックステップやランジ＆ダブルダイノなど、大きな動きをするムーブの中には、完成させるのに細かいフットワークを要求されるものもあるので、もう1ランク上を目指したい人は、もう一度ここで紹介する基本のフットワークを見直そう。

MENU ❷
スメアリング

ハリボテなど、平面的なホールドに対してはスメアリングが有効。

のっぺりとしたホールドもとらえることができる。

効果のあるムーブ・動作
- ハリボテ
- 凹凸の少ない壁の面をとらえる

ポイント

スメアリングはインサイドエッジ、アウトサイドエッジとは対照的なフットワークで、つま先ではなく、拇指球でホールドをとらえる。シューズのソールをホールドに押し付けるようにして、摩擦力を使ってホールドを押さえこむ。シューズのフリクション（摩擦）が要求されるため、カカトを落とした方が摩擦を得やすい。

1ランク上を狙うフットワーク＆ホールド

PART 4　1ランク上を狙うフットワーク&ホールド

コツ 45 フットワーク2

難易度の高い課題で必要に迫られるフックムーブ

MENU ① ヒールフック

足のカカトから、アキレス腱の下辺りをホールドに引っ掛けること。

効果のあるムーブ・動作
・高い位置にあるホールドをとらえる
・マントリング

ポイント
つま先ではなく、カカトでホールドを引っ掛けてとらえるフットワーク。ホールドが高い位置にあって足を乗せることができない場合に有効。ホールドをとらえたら、ふくらはぎに力を込め、ヒールを利かす意識を持つこと。

ヒールフックの状態から、上半身を上げ、乗り上がっていくような動きも可能になる。その場合、ヒールを掛ける位置をカカトの奥の方（アキレス腱から少し下の部分）でとらえるようにすること。

つま先ではなくカカトや足の甲を使うテクニック

初級以上を目指すときに、必要に迫られるのがトウフック、ヒールフックなどのフックムーブだ。フットホールドが高い位置にある場合や強傾斜の壁など、より難易度の高い課題をクリアするために必須になる。

インサイドエッジ、アウトサイドエッジと異なり、つま先でとらえるのではなく、カカトや足の甲の部分を使ってホールドを引っ掛けるため、どちらも足を掛けたあと筋力でホールドを押さえるのがポイント。

MENU ❷
トウフック

つま先にホールドを引っ掛けて、特に足の甲の部分に体重を乗せること。

効果のあるムーブ・動作
- ルーフクライミング
- カンテでのブレを抑える
- 反転ムーブ
- 強傾斜の壁でのムーブ

ポイント
足の甲を使ってホールドに引っ掛けるフットワーク。引っ掛けたら、甲の辺りに体重を乗せる。ルーフなど強傾斜の壁でカラダが振られるのを止める役割や、カンテ（壁の端の部分）などを登るときにブレを抑えたりと、小技として使用することも多い。トウフックを掛けたあとは、ふとももの筋力を意識して、掛けた足が外れないようにしよう。

1ランク上を狙うフットワーク&ホールド

コツ 46 PART 4　1ランク上を狙うフットワーク&ホールド
フットホールドのポケット

エッジングのようにカカトを上げて乗るのがポイント

MENU ❶
穴につま先を入れる

○ ×

写真のようにカカトが下がっていると、ムーブが維持できず、フォールしやすくなるので注意。

ポイント

ポケットの穴の中につま先を入れていくムーブ。ポケットは、フットホールドとしては足が接地できる面積が少ないので、なるべくカカトを上げるのがポイント。極小ホールドにエッジング（カカトを上げて、つま先の一点に力を集中する）を行うイメージで、しっかりカカトを上げて荷重させる。

実践アドバイス
しっかり目視すること

他のホールドよりも、ポケットは目視しにくいホールドだ。特に最近は、穴の部分以外はツルツルとした加工がされている「デュアルテクスチャー」のホールドも多い。しっかりとオブザベーションをしておこう。

ポケットが課題のキーになることも

外岩のフットホールドは突起していないので、人工壁で乗り方を熟知しないと、自然の岩場でポケットをとらえることはとてもむずかしい。また、人工壁の大会やコンペのときはポケットのフットホールドの踏み込みができるかどうかで順位が変わるほど、キーホールドになることが多い。

ポケットの対処法は、穴につま先を入れるのが基本。また人工壁のホールドは突起しているので、上に乗せてもよい。

MENU ❷
上に足を乗せる

ポイント

人工壁のポケットは、突起している部分が多いので、無理にポケットの穴に足を入れる必要はない。むしろ上に乗ったほうがしっかり踏み込めて安定する場合が多い。穴に足を入れるほうがいいか、上に乗るほうがいいかを判断することもフットホールドのポケット攻略のコツだ。

実践アドバイス
足を乗せる面の形状によって乗せ方を変えよう

ポケットだからといって、ただ上に足を乗せるのではなく、乗せる面を意識しよう。例えば、上がスローパー面の場合はスローパーの乗せ方、カチ面ならカチの乗せ方をすること。

1ランク上を狙うフットワーク&ホールド

コツ 47 PART 4　1ランク上を狙うフットワーク&ホールド
フットホールドの踏みかえ1

ジリジリと足をスライドさせ
左右の足を踏みかえる

POINT ❶

左足を少しずつスライドさせて右足に踏みかえる

①写真のように比較的大きめのフットホールド（足の親指くらいのサイズ）の場合、1つのホールドに両足を乗せて踏みかえるのがベスト。

②インサイドエッジでホールドをとらえていた場合は、アウトサイド方向に足首を回し、もう片方の足が乗せられる範囲を確保する。

POINT ❷

2〜3回に分けてスライドさせる

一回のスライドで左右の足を乗せ替えようとすると、腕の消耗が激しいので、2回、3回と何度かに分けてフットホールドを替えること。

腕の消耗が少ない基本的な踏みかえ方法

フットホールドを左右の足で踏みかえるとき、ジャンプをした瞬間に入れかえたり、片方の足の上に、もう片方を乗せる方法などいくつか方法があるが、ジリジリと足をスライドさせて、左右の足を踏みかえるのが基本になる。

腕の消耗を抑えて、フォールする確率を下げることができるので、両足が乗せられるサイズのフットホールドの場合は、全てこのムーブで行うのがベストだ。

③右足を寄せていき、左足をずらした分だけ、右足を乗せていく。

④しっかりと踏みかえきれたら、カカトを上げて荷重していく。

1ランク上を狙うフットワーク&ホールド

POINT ❸
後で足をずらすことも考えて足を乗せる

フットホールドに足を乗せるとき、後で足を踏みかえることを考えて乗せよう。そうすることで無駄な足のスライドをせずに速く足の踏みかえを終わらせることができる。

実践アドバイス
ジリジリと踏みかえるムーブを優先しよう

1つのホールドをジリジリとスライドさせて踏みかえるか、ジャンプして踏みかえるかによって腕の消耗具合も変わるので、このムーブを優先的に行うようにしよう。

113

コツ 48 PART 4 1ランク上を狙うフットワーク&ホールド
フットホールドの踏みかえ 2

ジャンプしている間に左右の足を踏みかえる

POINT 1
ギリギリまで足を近づけてからジャンプして入れかえる

①写真のような両足で乗ることができない1~2cmほどのホールドの場合、ジャンプして踏みかえるテクニックが必要になる。

②足ブラになっている時間を少しでも減らすために、ギリギリまでフットホールドをとらえている足に、もう片方の足を近づけていく。

POINT 2
片足の上にもう片方を乗せるテクニックもある

ホールドが極小なときやジャンプしている時間をなるべく短くしたい場合は、左右の足を重ねて一瞬で入れかえる動作も有効。ホールドは目視できないので、どこにあるかイメージしておくこと。

スリップして落ちてしまうリスクがある

片足しか乗せられないような小さなフットホールドを踏みかえざるを得ないときに有効なムーブ。

ジャンプしている瞬間に踏みかえるため、その一瞬は腕だけでぶら下がっている状態になる。

そのため、カラダが安定していない場合や、ハンドホールドの保持がうまくできていないと、このままスリップして落ちてしまうこともあるので注意しよう。

④瞬時にフットホールドを入れかえたことによって、左足が自由になり、一気に次のフットホールドに左足を踏み込むことができる。

③左足を外した瞬間に右足でフットホールドをとらえるように乗せかえる。この瞬間が最も集中力が必要だ。

1ランク上を狙うフットワーク&ホールド

POINT ❸
なるべく速くリズミカルに行う

ジャンプの間に入れかえるということは、一瞬腕だけでぶら下がらざるをえないので、時間を掛けていると腕の消耗が激しくなる。なるべく速くリズミカルに踏みかえよう。

実践アドバイス
なるべく使わないように意識しよう

ある程度グレードが上がってくると必須になるので、つい多用してしまいがちだ。しかし、負担が大きいので、基本はP112のジリジリと足をスライドさせる踏みかえを使おう。

コツ49 PART 4　1ランク上を狙うフットワーク&ホールド
ホールド1

指先で握るのではなく、引っ掛ける意識を持つと距離を稼ぐことができる

MENU ❶
ガバ

ポイント

名前の通り「ガバッ」と持てばいいわけではなく、中級者以上を目指す場合、なるべく指の関節を伸ばして持つこと。ガバの課題は、次の1手が遠い場合が多いので、握りこまずに引っ掛けることを意識することで、次のホールドへの距離を稼ぐことができる。

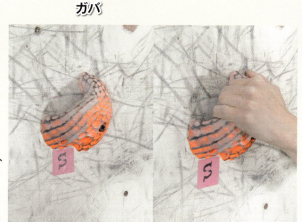

MENU ❷
ピンチ

ポイント

「つまむ」という意味で、親指と他の指で挟むような持ち方だが、親指の掛かる位置が重要になるので、特に親指に意識を持って握ること。基本的に人工壁のホールドは9割以上がピンチホールドとして保持することが可能なので、しっかり練習しておこう。

肩、ヒジ、腰を意識してホールディングする

　ホールドの持ち方はその形状によって異なる。特に自然の外岩の場合、同じ形のものは存在しない。1ランク上のグレードを目指すなら「どのようにホールドを握るか」ではなく、「どのようにホールドに引っ掛けるか」という風に考え方を変えると、より遠くへ距離を稼ぐことができる。また、指先だけでなく、肩、ヒジ、腰まで意識してホールディングし、重心がおしりの真下に行くようにするとカラダが安定する。

MENU ❸
ジャミング

ポイント

人工壁ではまず使わないが、大会やルートセッターによっては、ジャミングでないと攻略できないような課題も極まれに出る。基本はフィストといって手の甲を膨らませて、ホールドの隙間に手をスタックさせる（カチッと引っ掛けて固定させる）。他にこぶしを入れるナックルもある。

MENU ❹
スローパー（パーミング）

ポイント

手よりも大きなホールドを手のひら全体を使って押さえ込む持ち方。指先でとらえるのではなく、ホールド全体をカラダで押さえるように意識すること。大きいホールドが多いので、大会の核心部分に使われることが多い。

1ランク上を狙うフットワーク&ホールド

コツ50 ホールド2

PART 4　1ランク上を狙うフットワーク&ホールド

状況に応じてベストな ホールディングを見つけよう

MENU ❶ アンダー

ポイント

アンダー（下向きのホールド）をとらえる場合、手のひらを上向きにして持つ。ホールドよりも胸が上にある状態で持つと、支持力が強くなる。このホールドの場合、ヒジをしっかり曲げた状態で押さえること。

MENU ❷ ラップ

ポイント

ドアノブ状のホールドを、手のひらを包み込むように使ってとらえる持ち方。指先は接してなくもよい。他のホールディングと使用する筋肉が違うので、パンプした状態でも支持力を得られる貴重なホールディングでもある。ラップホールド以外でも使用できるので、手の小さい人や筋力の少ない女性は活用しよう。

岩場などで使う実戦的なホールディング

ポケット持ちやラップ持ちなど、個人差が出るムーブや、岩場などで使う、より実戦的なホールディングを紹介する。ホールドは必ずこうしなければいけないというものはなく、必ずセオリー以外のホールドも出てくる。体格や筋力が人によって異なるので、状況に応じて、様々な持ち方が要求される。今より1ランク上のグレードを目指すには、自分にとってベストなホールディングを身に付けるように意識しよう。

MENU 3
変形ピンチ持ち

ポイント

人差し指と中指の隙間にピンチホールドを挟むホールディング。一般的に使われているものではないが、このようにセオリー以外のホールディングが有効な場合もある。状況に応じて自分にとってベストなホールディングを考えるのも上級者には必要な能力である。

MENU 4
ボリューム

ポイント

巨大なホールドで、半径1m以上あるものを総称して、「ボリューム」と呼ばれている。木製のウッドボリュームや、ホールドと同じようなグラスファイバー製ボリュームなどがあり、種類や形は様々。大会で多く見られるホールドの1つ。

1ランク上を狙うフットワーク&ホールド

PART 4　1ランク上を狙うフットワーク&ホールド

コツ51 ホールド3

1～3本の指でとらえる
ポケットのホールディング

MENU ❶
1本指

ポイント

1本の指を引っ掛ける強度の高いホールディング。第一関節以外は伸ばして保持する。ホールドと接していない指は握り込んで、カラダの安定性を高める。最も腱にダメージがくるホールディングなので、多用しないように注意しよう。

MENU ❷
2本指

ポイント

ポケットで最も多いムーブ。2本の指で保持し、ホールドに面していない指はしっかりと握っておく。保持力は弱いが、カラダを動かしやすいのが中指と薬指のペアで、ムーブは起こしにくいが保持力が強いのが、人差し指と中指のペア。人差し指と中指での2本指に慣れているクライマーは少ないので練習しておこう。

状況によって本数や指の種類を変えよう

穴状のホールドを1〜3本の指でとらえるホールディングで、課題の難易度が上がるほどに、必要に迫られるホールドの1つだ。カチと近いが、大きく異なるのは指を伸ばして保持する点だ。カチとは関節や筋の使い方が大きく違うので、カチしかやってこなかった人はポケットに対応できていない人が多いので練習しよう。状況によって指を入れる本数や指の種類を変えよう。またパキりやすいホールドなので注意しよう。

MENU 3
3本指

ポイント

3本以上の指が入る場合はガバに近く、あまり握り込まずにしっかり持つこと。1本指、2本指と異なり、ホールドに面していない指は、引っ掛けるのではなく、ホールドの側面を押さえて保持力を高める。

MENU 4
3本指（俵持ち）

ポイント

2本分しか指が入らず、なおかつ中指を使うとしっくりこないときに使う、特殊なホールディング。基本的には人差し指と薬指でホールドをとらえ、中指は右下の写真のように、人差し指と薬指の爪の上に乗せてしっかりと押さえ込む。うまく使うことができれば、2本しか入らないポケットで3本分の力が出せる。

コツ 52 PART 4 1ランク上を狙うフットワーク&ホールド
ホールド4

グレードの高い課題で必要な上級テクニック

MENU ❶
ガストン

ポイント

写真のようなホールドの配置のとき、ヒジを上げた状態で親指を下向きにして保持するホールディング。

ガストンで大事なのは指先でのホールディングではなく、とらえたあとの重心の位置だ。指先の力を掛ける方向と同じ方にカラダの重心を乗せていかないと、ガストンを保持することができない。

← 進行方向
← 重心の向き

カチには2種類のホールディング方法がある

ガストンとカチは2級以上のグレードの課題では、必要不可欠で、どちらもホールディングとしては上級レベルといえる。特にガストンは特殊なホールドの配置の場合に要求される。また、カチは2種類あり、タンデュ（オープンハンド）はサイファーなどの大きな動きをするときに可動域を上げるために行い、アーケ（クローズドハンド）はリードクライミングでクリップをするときなどカラダの固定力が問われるときに有効。

MENU ❷
カチ（オープン・クローズ）

タンデュ（オープンハンド）

ポイント

通称カチ持ちといい、カチをポケットのように、保持するのがオープンハンド。クローズドでの保持より支持力は落ちるが、その分、指先の可動域は高いので、カラダを動かしやすく、次のホールドに動かしやすい方法。カチに自信がある人、保持力が高い人向きのホールディングだ。

アーケ（クローズドハンド）

ポイント

ホールドに接している全ての指の関節をしっかりと曲げ、親指を巻き込みながら、人差し指を固定する持ち方。クローズドの方がしっかりカラダを固定できるが、そのためには、脇をギュッと締めてカラダを小さくするのがセオリー。

1ランク上を狙うフットワーク&ホールド

コツ53 PART 4 1ランク上を狙うフットワーク&ホールド
カチに苦手意識がある時の対処法

指先だけでなく足でのとらえ方や
重心の移動なども意識しよう

POINT ❶
ホールドをとらえたらカカトをあげ、上体をあげていく

①カチ持ちをしたあと、足への意識ができないのがカチに苦手な人によくあること。

②フットホールドがカチということを意識して足を乗せていく。

POINT ❷

**カカトを上げて
つま先を乗せる**

スリーパーのように接地面積を多く取ろうとせず、カカトをあげて、ピンポイントでつま先を乗せること。荷重ができるのであれば、接地面積を無理に稼がなくてもよい。

フットホールドのカチの乗り方が大事

「カチが苦手」「持てない」と、カチに苦手意識が強い人が多いが、ありがちなのが、カチを持つ指先に意識が行き過ぎて、足がおろそかになってしまうことだ。実際には「持てない」のではなく「動けない」ということがよくある。

手で進んだときに、足も自ずとカチになるので、カチの乗り方が大事になる。フットホールドに意識が向いてない人は、足でのカチのとらえかたをもう一度確認してみよう。

③つま先でホールドをとらえてカカトをあげ、上体をあげていく。

④カチが連続する課題は、取った先もカチになるので、手と連動するように、足もカチを意識しよう。

1ランク上を狙うフットワーク&ホールド

POINT ❸

全ての指を曲げる意識を持つこと

カチに苦手意識がある人こそ、全ての指関節を曲げることを意識する。全ての指を曲げたカチ持ちを意識することで、しっかりしたホールディングができる。

実践アドバイス
重心の移動なども見直そう

カチに限らず、特定のホールディングに苦手意識がある人は、指先だけでなく、重心の移動やフットホールドのとらえ方も見直してみよう。苦手克服に大きくつながるだろう。

column 05

2足目以降のシューズは自分に足りない能力を補うものを選ぼう

　シューズは唯一のクライミングギアで、クライミングの技術やパフォーマンスを上げる道具である。購入するときは、自分の足に合ったものを履くのはもちろん、足の曲がり具合を調べることも大切。人によっては、軽く曲がっているシューズが良かったり、大きく曲がっている方がいいなど、色々なシューズを履いて自分に合ったサイズを見つけること。

　一般的に1足目は足が軽く曲がり、痛すぎないものが良い。2足目以降を買う場合は、今自分が持っているサイズよりも、ハーフ下や上のサイズを試してみて、どう違うかを確認してみよう。

　自分に合ったシューズは、10足履きつぶさないとわからないという人もいるほど、すぐには見つからないもの。最近では大きなジムで行われている、試し履きイベントに参加して試すのもおすすめ。

　また、シューズにどんな役割を持たせるか、という点から選んでみるのもいいだろう。万能なシューズはどっちつかずなもの。1足目にはいいが、慣れてきて実力や知識が付いてきたら、個性のあるシューズを試して、自分に足りない能力をサポートするものを選ぼう。またシューズを試すことで自分の得意なことや、不得意なことを再認識することもできる。

PART 5

大会情報・マナー・レベルアップ予備知識

コツ 54

PART 5　大会情報・マナー・レベルアップ予備知識

コンペ・大会とは？

実力・弱点がわかるコンペに積極的に参加してみよう

草コンペから世界大会まで日本各地で行われている

ボルダリングの競技会はコンペと呼ばれ、日本各地のジムで行われている草コンペから、一流選手が活躍する世界大会まであらゆる種類がある。トライする時間や回数が決められているので、いつものクライミングとは違った緊張感がある。参加することで自分の実力や弱点がわかり、スタイルの幅も一気に広がるので、勇気を出して参加してみよう。

POINT ❶

コンペはオンサイト方式とセッション方式の2種類

コンペ形式は大きく2種類に分けられる。オンサイト方式は1人ずつ複数の課題にトライし、完登できた本数を競う。完登するまでのトライ回数が少ない方が上位になる。セッション方式は複数人で同時に様々な課題にトライする。トライ回数に関係なく、時間内に多くの課題を登りきったものが上位になる。

POINT ❷

オンサイト方式では人の登りが見えない位置で待機

ルールはコンペによって異なるが、ワールドカップでは3ラウンド制で、勝ち抜いた選手が優勝となる。決勝はオンサイト方式が多く、この形式の場合自分の番が来るまでは人の登りが見えないアイソレーションゾーンで待機する。またコンペ・大会では、グレードによって参加できるカテゴリーが異なる。

一般的なコンペの流れ

予選	セッション方式
準決勝	セッション方式
決勝	オンサイト方式

主なカテゴリーの例

レギュラークラス	最高グレード三〜四級程度
マスタークラス	最高グレード二〜三級程度
エキスパートクラス	最高グレード一級以上
ウィメンズクラス	最高グレード三〜四級程度の女性

※コンペ・大会によって形式やカテゴリーは異なります。

POINT ❸

普段とは違う大会独自のルールもあるので注意

「スタートホールド以外のホールドを地面から触ってはいけない」「ゴールホールドを最低1秒以上持たなければいけない」など、大会によって細かなルールがあるので注意。具体的なルールは各大会の競技開始前に説明があるのでしっかり聞いておくこと。わからないことがあればそのときに質問するように。

大会情報・マナー・レベルアップ予備知識

コツ 55 PART 5 大会情報・マナー・レベルアップ予備知識
ボルダリングジムでのマナー・モラル

ボルダリングジム内の マナーを守って利用しよう

物をマットの上に置いて登らない。

他に登る人がいないか確認してから登ろう

クライミングジムの数が増えたことにより、クライマー人口も増えて、今までなかったようなトラブルが起きるようになっている。中には中級者も多いので、安全に対する意識をつねに持つようにしよう。落ちて悔しいからといって、すぐに壁にとりつかないで、一度はマットの外に出て待機したり、他の人がいないか周りを確認しよう。また物を置いたり、仲間内で専有するなどしないで、みんなで楽しく登れる環境を作ろう。

POINT ❶

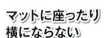

マットに座ったり横にならない

他の人が登っているときは、落ちてくる場所をしっかりと見極めて、避けた場所で休憩すること。人が壁に取り付いているときは、どこであれ、なるべく近くのマットに座ったり、横になったりしないように。

POINT ❷

1人1壁が原則。人が登っている近くで登らない

壁は1つに対して、登るのは1人だけが原則。例え左右が空いている壁であっても、自分が上方向に登っているときに、他の人が横にジャンプするような課題を行っている可能性もある。危険があることも見極めて登ること。

POINT ❸

ジムを仲間だけで専有しない

友達同士でジムに来て盛り上がってしまい、1つの壁を専有すると他の人が遠慮して登れない。いくら盛り上がっていても、まわりに登りたいクライマーがいるか、つねにチェックするようにしよう。また、待つ間はマットの上には乗らずに、順番を守って登ろう。

大会情報・マナー・レベルアップ予備知識

PART 5 大会情報・マナー・レベルアップ予備知識

コツ 56 壁の形状と種類

壁によって様々な登り方と課題がある

壁の種類 ❶ 垂壁

90度の直角の壁で、バランス力やフットホールドへの対応力を問われる課題が多い。ボリュームを配置することでスラブ（90度以下のゆるい傾斜）のような課題を作ることもある。

壁の種類 ❷ バルジ

全体的に傾斜が強く、左右の傾斜が付いているので、他の壁と比べて、ホールドを持つのではなく、抱え込むような力がないと、ホールドを保持できない課題が多い。

壁の種類 ❸ 100~110度

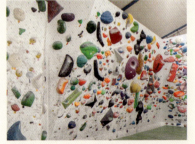

最もオーソドックスな壁で、スラブのような動きから、ルーフに近い動きまで、様々なバリエーションの課題が用意されていることが多い。110度の壁は、ムーブを習得するにはベストな壁といえる。

壁の種類 ❹ 130度以上

俗にいう強傾斜壁で130度の傾斜でツライチ（壁の変化がない一枚板）の場合は、指先の力や上体の力を問われることが多いので、パワーを身に付けるにはもってこいの壁。

強傾斜の壁やルーフは上級者向け

　ボルダリングジム（クライミングジム）の壁は、自然の外岩に対して「人工壁」と呼ばれる。壁には人工ホールドが取り付けられ、床にはマットが敷かれている。

　そして、傾斜の角度や形状によって、垂壁、スラブ、ルーフなど様々な壁がある。一般的に傾斜のゆるい垂壁やスラブは初級者向けで、強傾斜の壁やルーフになるほど、筋力やテクニックが要求され、上級者向けの壁といえる。

壁の形状 ❶ リップ

強い傾斜からゆるい傾斜へ移る角、また壁の上端部を指す。課題のゴールとなることもある。

壁の形状 ❷ カンテ

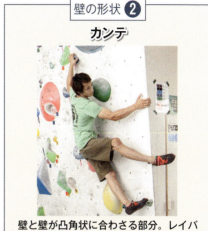

壁と壁が凸角状に合わさる部分。レイバックをさせる課題が多い。

壁の形状 ❸ コーナー

2枚の壁に挟まれた、凹角状になっている場所を指す。ステミングをさせる課題が多い。

壁の形状 ❹ ルーフ

130度以上の傾斜で、トンネルの天井部分を登っているような状態になる壁。筋力やテクニックが要求される上級者向けの壁。

大会情報・マナー・レベルアップ予備知識

PART 5 大会情報・マナー・レベルアップ予備知識

コツ57 シューズの選び方

自分に足りない能力、目的によってシューズを使い分けよう

ベルクロタイプ

脱ぎ履きのしやすさに優れているタイプ。トレーニングシューズに最適。柔軟性と拘束力のバランスが優れているため、コンペ向きのシューズでもある。シューズのラインナップではベルクロタイプが一番多い。初級者にはおすすめのタイプである。

スリップオンタイプ

スリップオンに一本ベルクロが付加されているモデルが主流。甲の自由度が高いので、トゥフックを中心とした強傾斜でのフットワークで最も強い。またハリボテなどのスメアリング系のフットワークも得意とする。

レースアップタイプ

ひもを結んで履くタイプ。3つの中で最も拘束力の高いモデル。基本的にレースアップモデルはかたいシューズが多いので、外の岩場専用で使う人が多い。ヒールフックの安定感はレースアップモデルが秀でている。

シューズを変えれば、登りが変わる

　クライミングシューズは、自分のクライミングのパフォーマンスに唯一関わるもの。レースアップタイプやベルクロタイプなど、パフォーマンスによって履き分けよう。人工壁、外の岩場、コンペなど目的によって使い分ける知識も必要になる。

　特に、ある程度技術が身に付き、2足目、3足目のシューズを選ぶ際は、サイズが合っているかどうかだけではなく、自分に足りない能力を、シューズが持つ性能によってどう補うかという意識を持つことも大切である。シューズを変えることによって、自分の登りが変わることもあるので、本当に自分に合ったシューズを探してみよう。

ダウントウ
つま先が下に落ちているタイプをダウントウという。このタイプは強傾斜でのポケットホールドをとらえるときや、ダイナミックなムーブから足を残したいときに力を発揮する。反面、スメアリングが苦手な部分があるので、うまく使い分けよう。また、ダウントウは性能を活かすために、あまりきつすぎないサイズを選ぶこと。

フラットトウ
ソールの底が平らになっているクライミングシューズの基本的な形状。ダウントウほどの力はないが、スメアリングのラバーの性能を活かしたクライミングには向いている。また、フラットトウタイプのシューズは、トウフックやヒールフックなどのフック系のムーブに対しても、力のロスが少ない。

ターンイン
より親指側に体重が掛かるように、ソールがカーブしているタイプ。正体したムーブで力を発揮する反面、バックステップ等のアウトサイドエッジを使うムーブでは使いにくいという弱点もある。最近はターンインがマイルドなモデルが多い。

セパレートタイプ
最近のシューズは、つま先と土踏まずが分かれているタイプが多い。土踏まずの部分だけ柔かく作られていて、つま先の剛性と、靴全体の履きやすさを両立している。

ワンピースモデル（ラバー一体成型）
つま先と土踏まずが一体型のモデルは、履いていると、全体を通してシューズがなじんでくる感覚があるので、履きこむことによって、自分の足によりフィットしてくる。

コツ 58 | PART 5 大会情報・マナー・レベルアップ予備知識
ジム内で使用する道具・ウェア

ストレッチ性に富み
動きやすいものを選ぼう

置型チョークバック
地面に置いて使うチョークバック。テーピング用のテープなど、小物入れにもなり、チョークが巻き散りにくいのでジムでの使用におすすめ。

クライミングTシャツ
ボルダリングをするときは、動きやすければ、どんなものでも構わない。最近はデザイン性が良いTシャツも増えている。

腰付チョークバック
ルートクライミング等でも使える腰に付けるチョークバック。チョークアップしながら登りたいときに使用する。

ボルダリング用靴下
普通の靴下と違って薄くタイトなクライミングシューズを履いても、痛くなりにくいのが特徴。裸足でクライミングシューズを履くのに抵抗がある人は必須のアイテム。

目的やジムのルールによってチョークを使い分けよう

クライミング専用ウェアはたくさんあるが、基本的にはボルダリングは動きやすければどんな服装でも構わない。

最近はクライミング専用のデニムが出てきたりおしゃれでバラエティーが増えている。邪魔にならず軽さや動きやすさ、ストレッチ性などを考慮すること。靴下も薄くてタイトなクライミング専用靴下があるので、裸足でシューズを履きたくない人におすすめ。

またチョークは粉だけでなく、チョークボールや液体チョークなど、様々な種類がある。クライミングジムのルールによっては、使用が禁止されている種類もあるので、確認してから使うように。

大会情報・マナー・レベルアップ予備知識

クライミングパンツ
ストレッチ性に富んだものと同時に、外の岩場で使うのであれば、ヒザ回りが頑丈な生地のほうが好ましい。軽さや動きやすさで選ぶように。チョークで汚れることが多いので、車に乗るときは履き替えるなどしよう。

液体チョーク
アルコール等で液状にしてあるチョーク。本気トライ前に付けたり、ジムによっては、液体チョークのみ使用OKというジムもある。アルコールを使っているので、液体チョークを使った後はしっかりと手を洗うこと。

チョークボール
ジムでクライミングする際の必需品。チョークの粉が詰まったボールで無駄に手に付かないようになっている。詰め替えられるタイプと詰め替えられないタイプがある。

コツ 59 PART 5 大会情報・マナー・レベルアップ予備知識
日本全国のおすすめ岩場情報

日本各地には有名な岩場がたくさん。中にはボルダーが目標とする課題もあり、日本各地から人々が押し寄せる岩場もある。ここでは渡邉数馬おすすめの岩場を紹介する。

甲信越地方
長野県 小川山エリア

日本で一番有名な花崗岩などボルダリング、リードクライミング共に有名課題が揃っている。近くにキャンプサイトがあり駐車場、トイレ、シャワー棟、バンガロー等があり快適なクライミングができる。

四国地方
徳島県 鳴滝エリア

「岩王国四国」と言われるほど四国は岩が多く、数々のエリアを有する。中でも徳島県の景勝地の1つである鳴滝エリアは人気が高い。四国は非公開エリアも多いので、しっかりと情報を集めてから行くことをおすすめする。

九州地方
宮崎県 小川山・日之影エリア

小川山・日之影エリアは美しい川のまわりに点在する岩達が、全国的にもクオリティーの高い課題として有名だ。近くの公民館に宿泊することも可能で、トポの情報も正確なものがインターネット上に掲載されているので関東、関西からツアーに来るクライマーも多い。

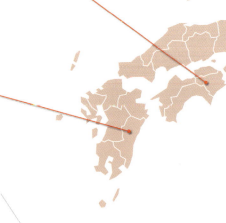

北海道地方
北海道 アヨロエリア

北海道では数少ない冬でも登れるボルダリングエリア。海岸沿いで景色がよく、近くには温泉もある。

東北地方
宮城県 大倉エリア

東北を代表するボルダリングエリア。仙台中心部から1時間ほどにあり、人気が高い。また、高難度の課題も多く、全国からクライマーが訪れる。特に2級から4段までそろう「汁」という岩の2段が有名である。

関東地方
東京都 御岳エリア

段級グレードシステムの基準となる「忍者返し」を有するチャートのエリア。他にも「蟹」、「虫」、「蛙」など有名な課題が多く、ボルダラーの目標となっている。最近は御岳付近の岩場(神戸、裏御岳など)の開拓も進んでいる。

中部地方
愛知県 豊田エリア

豊田市中心部より5～6kmほど東の丘陵地帯に点在し、アクセスが非常によい。課題のタイプもスラブからルーフまであるので、様々なクライマーが集まる。関東から通うクライマーも多いエリアである。

大会情報・マナー・レベルアップ予備知識

PART 5 大会情報・マナー・レベルアップ予備知識

世界各地の岩場情報

ボルダリングの起源はもともと、アメリカやヨーロッパで行われていたフリークライミング。有名な岩場や、まだ開拓が進んでいる途中のエリアは世界中にある。ここでは世界各地の有名な岩場を紹介する。

ヨーロッパ大陸

フランス フォンテンヌブロー

パリ近郊のボルダリングエリア。100年以上も前からアルプス登山のトレーニング場として利用されてきた歴史があり、古くからボルダリングも行われている。ボルダリングの聖地と言われ、世界中からクライマーが訪れている。

アフリカ大陸

南アフリカ共和国 ロックランズ

南アフリカ共和国のケープタウンにある巨大なボルダリングエリア。ヨーロピアンクライマーやアメリカのトップクライマーによって開拓された。膨大な数と多彩な形状の岩が数多くありスケールの大きいボルダリングが楽しめる。

140

ヨーロッパ大陸
スイス マジックウッド
ロケーション抜群の比較的新しいエリア。世界中のトップクライマーによって多数の高難度課題が生まれている。

アメリカ大陸
アメリカ ロッキーマウンテンナショナルパーク
ダニエル・ウッズ、デイブ・グラハム等アメリカンクライマーにより一躍有名になったエリア。標高が高く涼しいので夏期も快適に登れる。

ユーラシア大陸
インド共和国 ハンピ
世界遺産の1つある「ハンピの建造物群」でも有名なハンピは、古くからあるインドのボルダリングエリア。岩の数は無数にあるが、トポ等の情報が少ないのが難点。

オーストラリア大陸
オーストラリア グランピアンズ
ビクトリア州最大の国立公園であるグランピアンズ国立公園内にあるボルダリングエリア。有名高難度課題「ウィール オブ ライフ」「アンマガンマ」を有する。美しいラインの課題も特徴。

大会情報・マナー・レベルアップ予備知識

ジップロッククライミングジム

九州最大級の壁面積を誇るボルダリングジム。現役ワールドカップクライマーである渡邉数馬オーナーによる、広さを活かした課題が売り。駐車スペース約15台(無料)。福岡空港から車で約15分。

監修：渡邉数馬

1985年7月生まれ、千葉県出身。
中学一年生のとき、両親の影響でクライミングをはじめる。一児の父。2007年ボルダリング ジャパンカップ優勝。2007年アジアカップ優勝。2009年ワールドカップ チェコ大会9位。2010年SPOEX 2010 The North Face Cup & Discovery Climbing Festival優勝。2012年第26回リード・ジャパンカップ2位。2013年福岡県大入にある「昇竜烈波(四段)」初登。2014年 The North Face Cup D1決勝進出6位。九州産業大学山岳部(スポーツクライミング)監督。ボルダリングジム「ジップロッククライミングジム」オーナー。

モデル：渡邉沙亜里(さあり)

中学生の頃クラブにてクライミングをはじめる。結婚、出産を経てクライミング界に復帰。ママさんクライマーとしてコンペにも参戦中。JOCジュニアオリンピックカップにて総合優勝。ボルダリングワールドカップ出場。2014年宮崎にある「日之影ブラックラック(二段)」完登。

STAFF

企画 ■ 株式会社 多聞堂
編集・執筆 ■ 浅井貴仁（ヱディットリアル株式會社）
撮影 ■ 清野泰弘、品川英貴
デザイン ■ 田中図案室

実践テクを極める！ボルダリング
レベルアップのコツ　新装改訂版

2019年11月25日　第1版・第1刷発行

監修者　渡邉 数馬（わたなべ かずま）
発行者　株式会社メイツユニバーサルコンテンツ
　　　　（旧社名：メイツ出版株式会社）
　　　　代表者　三渡 治
　　　　〒102-0093 東京都千代田区平河町一丁目1-8
　　　　TEL：03-5276-3050（編集・営業）
　　　　　　　03-5276-3052（注文専用）
　　　　FAX：03-5276-3105
印　刷　三松堂株式会社

●本書の一部、あるいは全部を無断でコピーすることは、法律で認められた場合を除き、
　著作権の侵害となりますので禁止します。
●定価はカバーに表示してあります。
©多聞堂 ,2013,2019. ISBN978-4-7804-2261-0 C2075 Printed in Japan.

ご意見・ご感想はホームページから承っております。
ウェブサイト http://www.mates-publishing.co.jp/

編集長：折居かおる　副編集長：堀明研斗　企画担当：堀明研斗

※本書は2013年発行の『実践テクを極める！ボルダリング レベルアップのコツ』を元に
　加筆・修正を行っています。

144